Rüdiger Dammann · Ingke Brodersen

Das neue Europa

In Vielfalt geeint –
Geschichte und Zukunft der Europäischen Union

Rüdiger Dammann · Ingke Brodersen

Das neue Europa

In Vielfalt geeint –
Geschichte und Zukunft der Europäischen Union

Ravensburger Buchverlag

Inhalt

Miteinander, nicht gegeneinander

Europa ist nach Australien der zweitkleinste Kontinent und gerade einmal 10 Millionen Quadratkilometer groß. Neben Russland mit seinen 17 Millionen Quadratkilometern wirkt es winzig. Und doch leben in Europa 730 Millionen Menschen – ziemlich viele auf einer vergleichsweise kleinen Fläche. In den flächenmäßig fast ebenso großen USA sind nicht einmal halb so viele Menschen beheimatet, nämlich 300 Millionen.

Europa besteht aus 46 Ländern. Jedes dieser Länder hat seine eigenen Traditionen, Gepflogenheiten, seine eigene Fußball-Nationalmannschaft, überall wird unterschiedlich gekocht und gefeiert. Europa spricht über hundert verschiedene Sprachen, mehr als es Länder hat. Und häufig beherbergen diese Länder auch noch kleine Volksgruppen, wie beispielsweise Deutschland die Sorben oder Spanien die Basken. Diese Minderheiten haben meist eine andere Geschichte, eine andere Kultur oder religiöse Überzeugung als die Mehrheit und oft pflegen sie auch noch ihre eigene Sprache.

Diese Vielfalt auf engem Raum macht Europa einzigartig. Aber Vielfalt kann auch Spannungen erzeugen. Das Verhältnis zwischen den europäischen Staaten war jahrhundertelang von gewaltsamen Auseinandersetzungen gekennzeichnet. Spanier, Engländer, Franzosen, Österreicher, Polen und Deutsche haben immer wieder Kriege gegeneinander geführt.

Europa hat aus seiner blutigen Geschichte gelernt. Am Ende des Zweiten Weltkriegs lag die europäische Welt in Trümmern. Die Menschen hungerten, ihre Familien waren auseinandergerissen, ihre Häuser lagen in Schutt und Asche. Millionen waren umgekommen, weitere Millionen wurden vermisst. Europa lag am Boden. Die alte Ordnung zerbrach, ein neues Europa wurde geboren. 1946 hielt der ehemalige englische Premierminister Winston Churchill in Zürich eine berühmte Rede, in der er ausgerechnet die tief miteinander verfeindeten Deutschen und Franzosen zur Gründung der »Vereinigten Staaten von Europa« aufrief. Und was keiner für möglich gehalten hatte: Das Wunder geschah.

1957 schlossen sich sechs Länder (Frankreich, Italien, Belgien, Niederlande, Luxemburg und die Bundesrepublik Deutschland) zur Europäischen Wirtschaftsgemeinschaft (EWG) zusammen. Der Anfang zu einem Miteinander war gemacht: Bald traten weitere Länder dieser Gemeinschaft bei, aus der sich die heutige Europäische Union entwickelte. Seit 2007 besteht die EU aus 27 Mitgliedsstaaten. Weitere, wie beispielsweise Kroatien, die Ukraine oder die Türkei, möchten ihr beitreten.
Der Zusammenschluss so vieler unterschiedlicher Länder weckt auch Befürchtungen: Wie sollen bei so vielen Mitgliedern mit ihren unterschiedlichen, manchmal gegenläufigen Interessen Entscheidungen getroffen werden? Und wer trifft sie: das Europaparlament und die EU-Kommission oder die von den Bürgern eines Landes gewählten Abgeordneten und ihre Regierung? Wird es irgendwann in Europa keine Nationalstaaten mehr geben?
Die Ängste, mit den eigenen nationalen und regionalen Wurzeln in einer großen bürokratischen Einheit unterzugehen, sind bei den Menschen groß.
Die Europäer waren lange Spielmacher im Weltgeschehen. Sie verfügten über mehr Geld, mehr Macht, mehr Wissen und Können als andere. Heute wachsen andere Länder und Nationen an Zahl und Wirtschaftskraft, wie beispielsweise die Chinesen, die Inder, die Lateinamerikaner, und wollen ihren Anteil am Wohlstand haben. Hat Europa also in der Welt ausgespielt?
Die Europäer stehen vor großen Herausforderungen: Welchen Weg können wir in Zukunft einschlagen, wenn wir immer weniger Junge und immer mehr Alte haben? Wie können wir unseren Wohlstand erhalten, ohne uns gegen andere abzuschotten, die als Einwanderer zu uns kommen und daran teilhaben wollen?
Wie können wir die Integration von immer mehr Menschen aus ganz anderen Kulturen in die europäischen Gesellschaften gewährleisten, besonders wenn diese die Gleichberechtigung von Mann und Frau nicht respektieren?
Auch die nächsten Generationen werden Antworten auf solche Fragen finden müssen. Ohne ein Wissen um Europa, seine Geschichte und seine vielfältige Kultur, ohne ein Engagement für ein Miteinander, statt einem Gegeneinander wird das nicht möglich sein. Man kann die Europäische Union kritisieren, man muss sie verändern und weiterentwickeln – aber eine Alternative gibt es dazu nicht.

Altes und neues Europa

Jahrhundertelang waren die Völker Europas untereinander verfeindet. Das »alte« Europa war durch ein ständiges Gegeneinander geprägt – und stand mehrfach am Rande des Untergangs. Aus solchen Erfahrungen haben die Europäer gelernt. Das »neue« Europa, ein geeinter Kontinent, zeichnet sich durch ein Bekenntnis zum Miteinander aus. Mehr als die Hälfte aller europäischen Staaten haben sich mittlerweile zur Europäischen Union zusammengeschlossen, weil sie gemeinsame Werte und Vorstellungen haben – zum Beispiel von den Menschenrechten – und weil sie davon überzeugt sind, Probleme und Aufgaben gemeinsam besser lösen zu können. Aber es war ein blutiger und steiniger Weg, bis es zu dieser Vereinigung kam.

Vom Mythos zur Wirklichkeit

Einer griechischen Sage zufolge ist Europa der Name einer wunderschönen Frau, die vom griechischen Göttervater Zeus nach Kreta entführt wurde. Als Name für den Kontinent wird »Europa« im 5. Jahrhundert vor Christus eingeführt – von einem Mann, den es ebenfalls nicht ganz freiwillig aus Kleinasien (Anatolien) nach Athen verschlagen hatte: Herodot, der »Vater der Geschichtsschreibung«.

Im September 490 fügen die für den Nahkampf erstmals in schwerer Rüstung und mit Schild antretenden Athener der militärisch überlegenen Großmacht Persien in der Ebene von Marathon eine entscheidende Niederlage bei. Die Perser sind in der Überzahl, aber leichter bewaffnet, und sie dienen oft als Söldner einem fernen Herrscher. In dieser Schlacht beweist das Volk (griechisch »demos«) zum ersten Mal seine Macht (»kratos«).

Die schöne Europa war die Tochter des Königs Agenor von Phönizien. Eines Tages entdeckte sie einen majestätischen weißen Stier am Strand, der sie aufmerksam zu beobachten schien. Europa war beeindruckt von seiner Anmut – und neugierig. Ganz nah trat sie an das Tier heran, das weder Angst noch Feindseligkeit erkennen ließ, auch nicht, als die Königstochter ihm durchs weiche Fell strich. So fasste das Mädchen Zutrauen und kletterte auf seinen Rücken. Darauf schien der Stier nur gewartet zu haben. Mit einem gewaltigen Satz sprang er Richtung Meer. Und noch ehe Europa begriff, was geschah, war sie auf dem Rücken des Stieres bis nach Kreta gelangt. Hier gab sich der Stier zu erkennen: Es war Zeus, der oberste aller griechischen Götter. So erzählt der Mythos die Geburt des europäischen Kontinents.

Europas Vater, König Agenor, war über das Verschwinden seiner Tochter in großer Sorge. Er sandte ihren Bruder Kadmos aus, sie zu suchen. Der Sage nach war es eben dieser Kadmos, Europas Bruder, der das phönizische Alphabet und damit die Schrift nach Griechenland gebracht hat. Ohne die Schrift wäre Europa niemals geworden, was es heute ist.

Morgenland und Abendland

Der Name »Europa« ist abgeleitet aus dem arabischen Wort »ereb«, »dunkel«, und weist auf den Sonnenuntergang, auf das »Abendland« hin, so wie auch das aus dem Lateinischen stammende »Okzident« (lat. occidere, »untergehen«). Der Gegenbegriff zu Okzident ist »Orient« (lat. oriens, »aufgehende Sonne«, »Osten«) und bezeichnet das im Osten, in Richtung der

aufgehenden Sonne liegende Morgenland; die gleiche Bedeutung hat auch das aus dem Assyrischen stammende Wort »Asien«.
Der Erste, der den Namen »Europa« für einen gegen Asien abzugrenzenden Kontinent verwendet hat, war Herodot. Er lebte etwa von 485 bis 425 vor Christus und ist bis heute als Autor der »Historien« berühmt, des vielleicht ersten um Sachlichkeit bemühten Geschichtswerkes. Seine Schilderungen sind für unser Wissen über die so lange zurückliegende Zeit von unschätzbarem Wert. Herodot gilt als Grieche, war aber gar keiner. Zwar hat er einige Jahre in Athen gelebt, er stammte aber aus Kleinasien, aus der Stadt Halikarnass (die im asiatischen Teil der Türkei liegt). Freiwillig hatte er seine Heimatstadt nicht verlassen. Er war vielmehr geflohen, nachdem er sich an einem missglückten Staatsstreich beteiligt hatte.
In Athen fand Herodot nicht nur Zuflucht, sondern auch sein Ideal einer gerechten Gesellschaftsordnung: Athen war die erste uns bekannte Demokratie, »Herrschaft des Volkes«. Jeder Bürger sollte über die Geschicke der Stadt mitentscheiden dürfen. Das imponierte Herodot, obwohl er dieser Gemeinschaft als Fremder nicht wirklich angehörte, denn die vollen Bürgerrechte erhielt nur, »wer von beiden Elternteilen zur Stadt gehöre«.

Europa und Asien
»Europa« war ursprünglich der Name für eine kleine Region im mittleren Griechenland und gleichzeitig die Bezeichnung für die westliche Himmelsrichtung – »Libyen« in Afrika stand für den Süden, »Asien« für den Osten. Herodot übertrug die Namen »Europa« und »Asien« nun auf die Kontinente und wies ihnen darüber hinaus bestimmte Werte, Haltungen und Ideen zu: Athen, die Demokratie, die griechische Kultur und Lebensart – das war für ihn Europa. Diktatur und Gewalt, Ungerechtigkeit und Ungleichheit hingegen standen für Asien. Dieser Gegensatz war stark übertrieben und er unterschlägt, dass vieles, was auch die europäische Zivilisation prägte – etwa Schrift, Mathematik, Landwirtschaft, Astronomie – aus den orientalischen Hochkulturen nach Europa kam. Dass Herodot Asien zum Gegner Europas erklärte, wurzelte mehr in den schlechten persönlichen Erfahrungen, die er in Halikarnass gemacht hatte.

Der Historiker Er interessierte sich für Menschen in anderen Ländern und für deren Sitten: Herodot trug die Berichte von seinen Reisen in Athen einem begeistert zuhörenden Publikum vor. Seine Kritiker höhnten damals, er sei naiv und würde nichts als Märchen verbreiten. Aber er war der Erste, in dessen Werken neben den Göttern auch die Menschen Einfluss auf die Geschichte nehmen.

Die Entdeckung der Vernunft
Mithilfe von Sagen, Mythen und Fabeln haben die Menschen lange Zeit ihre Welt gedeutet, um auch dem für sie Unerklärlichen einen Sinn zu verleihen. Erst die griechischen Philosophen haben nach Ursachen oder Zusammenhängen etwa von Naturerscheinungen gefragt. Sie haben gelernt, zwischen Ursache und Wirkung zu unterscheiden und dabei den Logos, die Vernunft, entdeckt – die Fähigkeit zur Erkenntnis. Thales (um 600 v. Chr.), Pythagoras (um 500 v. Chr.) Sokrates (um 400 v. Chr.) oder Aristoteles (um 300 v. Chr.) haben so mit ihren Fragen und Erkenntnissen die Mythen entzaubert und den Weg für die Entstehung der Wissenschaften frei gemacht.

Europas Aufstieg

Das Europa, das Herodot kannte, hatte noch nicht die Ausdehnung des heutigen Kontinents. Damals gehörten Athen, das ägäische Inselreich, Sizilien und einige von den Griechen beherrschte Gebiete an der Küste des Mittelmeers dazu. Südlich lag Afrika, östlich begann Asien und weiter nördlich – da, wo heute Brüssel, Straßburg oder Berlin liegen – siedelten die »Barbaren«. Im Norden lag die Wildnis, die den Griechen noch völlig unbekannt war.

Mehr als ein Jahrhundert lang – von 264 bis 146 v. Chr. – führten Roms Soldaten unablässig Kriege. Die kampferprobten römischen Legionäre, die als unbesiegbar galten, unterwarfen fast alle Nachbarvölker – nur der Sieg über die Germanen, von denen einer hier das Schwert gegen seinen römischen Gegner erhoben hat, gelang ihnen nicht vollständig.

Auch wenn das Europa der Griechen noch relativ klein war: In der Wissenschaft und Philosophie, der Kunst und Architektur des antiken Griechenlands sowie in der athenischen Demokratie liegen die Wurzeln dessen, was wir im heutigen Sinn »europäisch« nennen. Zu Zeiten der alten Griechen war ihr Denken allerdings noch wenig verbreitet. Zwar schuf Alexander der Große durch seine Eroberungszüge um 330 v. Chr. ein Großreich und trug damit auch die griechische Kultur weit über das Kernland hinaus. Aber sie schlug keine Wurzeln in den eroberten Gebieten; nach Alexanders frühem Tod zerfiel das Reich schnell wieder. Andere als die Griechen sorgten dafür, dass viele griechische Errungenschaften nicht länger auf Herodots kleines Europa beschränkt blieben – die Römer. Nach und nach eroberten sie den südöstlichen Mittelmeerraum. Griechenland wurde römische Provinz, das Römische Reich eine Weltmacht.

Das Römische Reich

Rom herrschte bald über den größten Teil der damals in Europa bekannten Gebiete: rund um das Mittelmeer, im heutigen Frankreich, auf der Iberischen Halbinsel, in Britannien, rund ums Schwarze Meer sowie über Teile Germaniens. Das Römische Reich, so könnte man sagen, war ein gewaltsam vereintes Europa. Nur der Großteil Germaniens und des heutigen Skandinaviens blieben außen vor; deren Bewohner, die Barbaren, waren gefürchtet.
Die Römer hatten gut ausgebildete Legionen und herrschten bei den Besiegten mit harter Hand. Aber in vielen ihrer Provinzen errichteten sie ein modernes Staats- und Verwaltungswesen, sie

bauten Straßen und Wasserleitungen. Vor der griechischen Kultur hatten sie Hochachtung. Sie sorgten dafür, dass sich das Wissen der Griechen im gesamten Römischen Reich mit seinen vielen Völkern, Sprachen und Religionen ausbreitete. Und sie fügten den in Griechenland entstandenen Wissenschaften, der Philosophie und der Demokratie hinzu, was Europa entscheidend prägen sollte: die lateinische Sprache, das Recht und das Christentum.

Bis an den Rand der Erde wollte Alexander der Große gehen, um das Licht der griechischen Kultur in eine fremde Welt zu tragen. Bei Issos gewann er mit 40 000 Kriegern im Jahr 333 die Schlacht gegen Dareios, den Großkönig der Perser.

Die »Zunge« Roms

Latein halten viele für eine »tote« Sprache, weil es nicht mehr gesprochen wird. Tatsächlich ist Latein bis in die Gegenwart, zum Beispiel in den Fachbegriffen etwa der Medizin, der Biologie, der Politik oder der Rechtswissenschaften, lebendig. Es ermöglicht den Wissenschaftlern die Verständigung über Länder- und Sprachgrenzen hinweg. Latein, die Amtssprache im gesamten Römischen Reich, war so etwas wie Europas gemeinsame Verkehrssprache; daraus hat sich schließlich eine ganze Familie europäischer Muttersprachen entwickelt. Die romanischen Sprachen, also Italienisch, Französisch, Spanisch, Portugiesisch und Rumänisch, waren zunächst nichts anderes als regionale Dialekte des Lateinischen. Und Latein war über viele Jahrhunderte – und ist es in Teilen bis heute – die Sprache der katholischen Kirche.

Die Römer und das Recht

Das römische Recht entstand aus langjährigem Gewohnheitsrecht und wurde schließlich in Gesetzeswerken festgeschrieben. Das war etwas ganz Neues und ermöglichte die Vereinheitlichung des Rechtswesens in einem großen Gebiet. Der aus den Gesetzeswerken zusammengefasste »Corpus Iuris Civilis« galt bis ins 19. Jahrhundert als maßgebliche Rechtsquelle für die meisten Staaten Europas. Auch das Bürgerliche Gesetzbuch Deutschlands hat hier seine Wurzeln.

Das Christentum

Wie die Griechen verehrten auch die Römer zahlreiche Götter, bis plötzlich eine neue Religion populär wurde: das Christentum. Der Glaube an nur einen, den einzigen Gott hat die alte Götterwelt buchstäblich hinweggefegt – ein folgenreicher Einschnitt für Europa, das sich nun anschickte, zum christlichen Abendland zu werden.

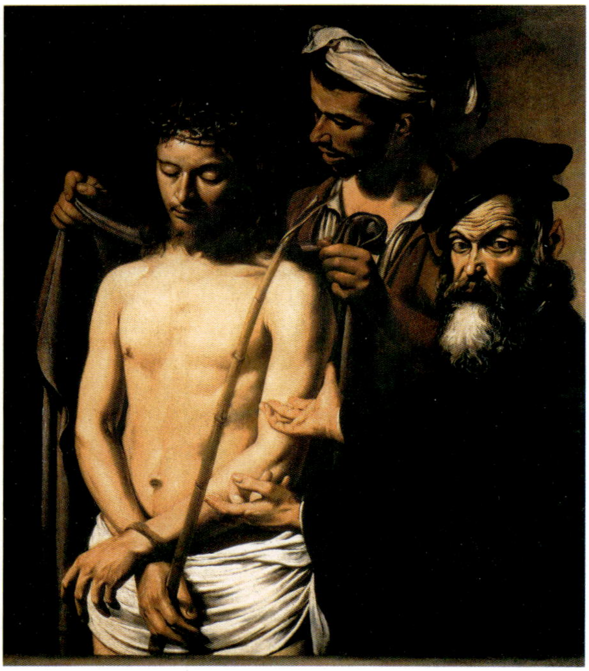

»Ecce Homo« (»Seht, welch ein Mensch«) – mit diesen Worten verwies Pontius Pilatus nach dem Johannesevangelium auf Christus, als er ihn der Menge zur Verurteilung vorführte.

Das Herrschaftsgebiet des Römischen Reiches umfasste auch den Norden Afrikas und den Nahen Osten. Ab 63 v. Chr. hatten die Römer die Macht in Palästina übernommen. Dieses Land, das zu jener Zeit Juda hieß, war schon seit mehr als 1000 Jahren die Heimat der Juden, mit dem Tempel in Jerusalem als geistigem Zentrum. Da sich die Juden der römischen Besatzung hartnäckig widersetzten, regierten die Statthalter Roms das Gebiet mit großer Brutalität. Hunderte Juden wurden zum Kreuzestod verurteilt – darunter auch Jesus, den die Römer, angeführt von Pontius Pilatus, als »König der Juden« ans Kreuz schlagen ließen. Dabei war dieser Jesus gar kein Widerstandskämpfer gegen die Besatzer gewesen. Er war vielmehr als eine Art Wanderprediger durchs Land gezogen und hatte eine Botschaft der Liebe und Barmherzigkeit verbreitet, die auf viele Menschen große Anziehungskraft ausübte. Das hatte die Römer, aber auch viele Juden misstrauisch gemacht. Dabei hatte Jesus keine neue Religion gründen, sondern seine Religion, das Judentum, modernisieren wollen. Erst seine Anhänger und Nachfolger wurden dann bald Christen genannt und erweiterten die Botschaft Jesu zu einer vom Judentum unterschiedenen Religion.

Christen und Juden

Das Christentum beruht wie das Judentum auf dem Alten Testament. Die ersten Christen waren Juden. Sie verehrten den gekreuzigten und wieder auferstandenen Jesus als den von den Juden seit Langem erwarteten Messias (Christus) und Erlöser. Die meisten

Juden sahen in Jesus von Nazaret allerdings eher einen jugendlichen Rebellen, der die jüdischen Schriftgelehrten infrage stellte. Erst in der zweiten Hälfte des ersten Jahrhunderts nach Christus kam es zur Glaubensspaltung zwischen Juden und Christen. Maßgeblichen Anteil daran hatte der Apostel Paulus, der von Palästina aus große Teile des Römischen Reiches bereiste, um die verstreut lebenden Juden davon zu überzeugen, dass Jesus Gottes Sohn sei. Auch nach Rom, in die tolerante Weltstadt am Tiber, wo die Juden ihre Religion frei ausüben durften, war Paulus gekommen.
In Rom verbreitete sich die Botschaft der Christen wie ein Lauffeuer. Immer mehr Menschen ließen sich zum Christentum bekehren und taufen. Das erfüllte Roms Herrscher mit wachsendem Argwohn, weil die Christen jeden weltlichen Machtanspruch ablehnten und sich weigerten, den Kaiser als gottgleich zu verehren. Der römische Staat, besonders unter Kaiser Nero, reagierte mit Gewalt: Tausende Christen verloren ihr Leben, sie wurden öffentlich verbrannt oder gekreuzigt.
Trotz aller gegen sie verübten Grausamkeiten trugen die Tapferkeit und Leidensbereitschaft den Christen immer mehr Respekt ein und führten ihnen mehr und mehr Anhänger zu. Schließlich lenkte auch der Staat ein.

Paulus wurde um 10 n. Chr. in Tarsus (heute Türkei) als Sohn einer jüdischen Familie geboren. Sein ursprünglicher Name war Saulus. Traditionell erzogen, erschienen ihm die Jesus-Anhänger zunächst als Gotteslästerer. Nach seiner Bekehrung zum christlichen Glauben machte er es sich zur Aufgabe, alle Menschen zum Christentum zu bekehren. Nach christlicher Überlieferung wurde Paulus, wie viele seiner frühen Glaubensbrüder, zum Opfer der Christenverfolgungen und unter Kaiser Nero in Rom hingerichtet.

Der Aufstieg zur Staatsreligion

Nach langen Jahren der Verfolgung gewährte Kaiser Konstantin um das Jahr 330 den Christen Religionsfreiheit und ließ sich noch auf dem Totenbett taufen. Einer seiner Nachfolger, Theodosius, erhob das Christentum schließlich zur Staatsreligion des Römischen Reiches. Von nun an entwickelte sich der christliche Glaube zur Mehrheitsreligion, die sich unter dem Dach der katholischen Kirche versammelte – »katholisch« bedeutet ursprünglich nichts weiter als »allgemein«, »das Ganze betreffend«. Die enge Verbindung von Kirche und Staat hat das Leben der Menschen über Jahrhunderte hinweg bestimmt.

Die Spaltung

Innerhalb der Kirche kam es jedoch immer wieder zu Auseinandersetzungen über den rechten und richtigen Glauben. Solche Streitigkeiten, in denen es nie nur um religiöse Fragen ging, waren schließlich eine der Ursachen dafür, dass das mächtige Römische

Westrom – Ostrom Für einen Kaiser allein war das Imperium schon im 3. Jahrhundert wegen seiner Größe nahezu unregierbar geworden. Kaiser Diokletian beschloss deshalb um 290, dass das Reich künftig zwei Kaiser haben solle. Neben Rom wurde die von Kaiser Konstantin gegründete Stadt Konstantinopel zweiter Kaisersitz. Im Jahr 395 wurde das Reich dann endgültig in ein weströmisches und ein oströmisches Reich geteilt.

Bonifatius, der »Apostel der Deutschen«, errichtet ein Kreuz auf der gefällten Donar-Eiche.

Reich gegen Ende des vierten Jahrhunderts in zwei Teile zerfiel: in das weströmische und das oströmische Reich, mit jeweils eigenen geistlichen Anführern, dem Papst in Rom (römisch-katholisch) und dem Patriarchen in Konstantinopel (östlich-orthodox). Die Einheit des Reiches blieb zwar offiziell gewahrt, dennoch gingen beide Teile zunehmend eigene Wege.

Die Völkerwanderung

Die inneren Probleme schwächten das Römische Reich und machten es auch von außen anfälliger. Immer wieder kam es zu Rivalitäten und Machtkämpfen. Von verschiedenen Seiten her angegriffen, geriet vor allem Westrom in der Folgezeit in Bedrängnis. Zwischen dem 3. und 6. Jahrhundert verließen viele Völker – von anderen vertrieben oder aus Landnot – ihre angestammten Gebiete und begaben sich kreuz und quer durch Europa auf die Suche nach neuem Lebensraum. Hunnen, Goten, Vandalen, Franken, Langobarden veränderten während dieser Zeit der Völkerwanderung das Gesicht des Kontinents.

Das Römische Reich ging unter, neue, kleinere Reiche entstanden und verschwanden wieder. Das Einzige, was in diesen bewegten und kriegerischen Zeiten Bestand hatte, war der christliche Glaube, der sich im Mittelalter auch über Nord- und Osteuropa ausbreitete, sodass ganz Europa christlich wurde.

Europas Christianisierung

Durch Wandermönche und Klostergründungen wurde der christliche Glaube in die entlegensten Winkel des Kontinents getragen. Einer, der sich dabei besonders hervortat, war der später heilig gesprochene Bonifatius (672–754). Vom Papst persönlich beauftragt, den »wilden Völkern Germaniens« das Evangelium zu verkünden, zog er als Missionar mehr als zwölf Jahre durch das Land der Friesen und durch das heutige Hessen, Thüringen und Franken, wo er zahlreiche Bistümer gründete. Um die Überlegenheit des Christentums über die alten Götter zu demonstrieren, ließ er im

hessischen Geismar einmal eine berühmte, dem germanischen Gott Thor geweihte Eiche – die Donareiche – fällen. Als darauf eine Reaktion ihres Gottes ausblieb, waren die »Heiden« tief beeindruckt. Aus dem Holz der Eiche ließ Bonifatius eine dem Apostel Petrus geweihte Kapelle bauen.

Im Jahr 800 wurde Karl der Große von Papst Leo III. zum römischen Kaiser gekrönt. Damit verpflichtete der Papst den Kaiser auch zum Schutz Roms, den die Stadt seit der Spaltung in ein weströmisches und ein oströmisches Reich bitter nötig hatte. Für Karl wiederum war die Krönung ein Akt der Anerkennung: Als Kaiser des weströmischen Reiches war er dem Kaiser von Ostrom ebenbürtig.

Karl der Große – Vater Europas

Christentum und Mission erlitten aber auch immer wieder Rückschläge. Im 8. Jahrhundert fielen die christianisierten Franken wieder vom Glauben ab und kehrten zu den alten Gebräuchen zurück. Die Sachsen im heutigen Norddeutschland wollten nicht von ihrem Heidentum lassen, und in Spanien drangen die Muslime immer weiter nach Norden vor.
All diesen Entwicklungen trat Karl der Große, seit 768 König der Franken, entgegen. Er führte einen langen, aber erfolgreichen Krieg gegen die Sachsen und besiegte die Langobarden im heutigen Italien, die sich weigerten, die katholische Kirche anzuerkennen;

seine Soldaten verhinderten, dass die Mauren nach Nordspanien vordrangen, und er eroberte das bis dahin selbstständige Bayern, erklärte es zu einer Kirchenprovinz und verleibte es dem Frankenreich ein. Durch seine Erfolge gelang es ihm, dem Römischen Reich noch einmal kurzfristig zur Blüte zu verhelfen.
Weil er Europa geeinigt und das Reich erneuert habe, wurde und wird er auch als »Vater Europas« (»rex pater Europae«) bezeichnet. Diesen Ehrentitel hatte sich schon sein Großvater erworben, als er das christliche Europa gegen muslimische Eindringlinge verteidigte. 732 besiegte Karl Martell die aus Spanien einfallenden

Al-andalus Alkohol, Ziffer, Kaffee, Zucker oder Algebra – viele Wörter, die aus dem Arabischen kommen, klingen unseren Ohren ganz vertraut. Die Europäer verdanken den Mauren – heute würden wir sagen den »Muslimen« – viel, besonders in der Medizin, der Physik und der Astronomie; in der Mathematik verdrängten die arabischen Ziffern das römische Zahlensystem. Im südlichen Spanien, in Al-andalus, das heute Andalusien heißt, lebten sie friedlich mit der jüdischen und christlichen Bevölkerung zusammen.

Der Kalif von Granada ließ einen prächtigen Palast, die Alhambra, in seiner Stadt bauen, der heute noch in Granada zu besichtigen ist.

Mauren in der Schlacht von Tours und Poitiers. Danach misslang jeder Versuch der »heidnischen« Mauren, ihren Einfluss auf Europa auszudehnen.
Im Jahr 800 wurde Karl von Papst Leo III. in Rom zum römischen Kaiser gekrönt und damit zum Schutzherrn der gesamten Christenheit ernannt. Im Januar 814 starb Karl der Große in Aachen, wo er auch beigesetzt wurde. Unter großem Kriegseinsatz hatte er noch einmal ein sich über weite Teile Europas erstreckendes Großreich geschaffen, das jedoch schon unter seinen Enkeln wieder zerfiel. Es erwies sich auf Dauer als nicht durchführbar, ein derart riesiges Gebiet gegen den Willen auch nur eines Teils seiner Anwohner zu beherrschen.

Die Aufklärung

Griechische und römische Antike, Völkerwanderung und Christentum sind vier der wichtigsten Sockel, auf denen sowohl das alte wie auch das neue Europa ruhen. Das neue Europa ruht aber noch auf weiteren Fundamenten: auf den Ideen der Freiheit, der Gerechtigkeit, der Gleichheit. Während die Geschichte des alten Europas über 2000 Jahre von wechselnden Gegnerschaften bestimmt war, scheint das neue, aufgeklärte Europa die Vielfalt des Kontinents als Reichtum für sich zu entdecken.

Im Auftrag der Krone Am Ende des 15. Jahrhunderts fingen die Europäer an, den Horizont der ihnen bekannten Welt zu überschreiten. Einer der Ersten, die Kolonien für Europa im fernen Südamerika eroberten, war der Italiener Christoph Kolumbus (1451–1506), den die Spanier Cristóbal Colón nannten.
Auf diesem Bild verabschiedet er sich von der spanischen Königin. Jahrelang hatte er sich vergeblich an den europäischen Fürstenhöfen um finanzielle Unterstützung für seine teuren und abenteuerlichen Entdeckungsreisen bemüht, bis er schließlich in dem spanischen Königspaar Geldgeber fand. Eigentlich wollte er nach China und Indien, um Gewürze und Seide zu beschaffen. Aber er entdeckte die Küste Mittelamerikas, Haiti und die Dominikanische Republik und gründete die erste spanische Kolonie auf amerikanischem Boden. Den indianischen Ureinwohnern brachte er Tod und Verderben. Er forderte Gold von ihnen ein, versklavte sie und zwang ihnen Lebensumstände auf, an denen Millionen zugrunde gingen. Spanien aber wurde durch seine Entdeckungen zur reichen Kolonialmacht.

Während der tausend Jahre nach Karl dem Großen gab es praktisch keine Epoche, in der überall in Europa die Waffen schwiegen. Ständig kämpften die zahllosen kleineren und größeren europäischen Fürsten- und Königtümer um Macht und Einfluss, um Geld und Raum. Ständig brach irgendwo ein Konflikt aus, wurden Grenzen neu gezogen, sahen sich Menschen unter neuer Herrschaft. Und dies nicht nur innerhalb Europas, sondern ab dem 15. Jahrhundert auch auf allen anderen Kontinenten, als sich die großen Seefahrernationen – vor allem Spanien, Portugal, die Niederlande, Frankreich und England – weitläufige Besitztümer in fernen Ländern aneigneten, um diese als Kolonien zu beherrschen und auszubeuten.

Glauben und Wissen Als Galileo Galilei in seinem 1632 veröffentlichtem »Dialogo« zeigte, dass die Erde nicht im Zentrum des Universums steht, befand er sich mit dieser Erkenntnis im Widerspruch zur kirchlichen Lehrmeinung und wurde gezwungen, vor der Inquisition, einem Gericht der Kirche, zu widerrufen.

Protestanten Martin Luther war überzeugt, dass der christliche Glaube durch die Amtskirche verfälscht werde. 1517 schlug er seine berühmten 95 Thesen an die Kirchentür, in denen er mit der katholischen Kirche abrechnete. Zum Widerruf aufgefordert, entgegnete Luther, die Gnade sei nicht im Besitz der Kirche, sondern eine Gabe Gottes; niemand sei unfehlbar, auch der Papst nicht. Damit erteilte er dem absoluten Machtanspruch der Kirche eine scharfe Absage und pochte auf die Eigenverantwortlichkeit jedes Christen. Der Kaiser erklärte den Wittenberger Mönch zum Ketzer und ging gegen die »Reformatorischen« vor. Dagegen legten 1529 sechs Fürsten und 14 deutsche Städte Widerspruch ein. Diesem »Protest« verdanken die Protestanten ihren Namen.

Auch das Christentum hatte in Wahrheit keine befriedende Wirkung, sondern war im Gegenteil eine Quelle nicht versiegender Gewalt: zwischen West- und Ostkirche, gegen Andersgläubige, gegen Abweichler von der kirchlichen Lehrmeinung. Die Kirche, so schien es, stemmte sich überhaupt gegen alles Neue, schürte dadurch aber letztlich auch einen Unmut in den eigenen Reihen. Mit der Reformation im 16. Jahrhundert kam es schließlich zur folgenreichen Spaltung der Kirche in Katholiken und Protestanten.

Die Frage nach dem richtigen Glauben brachte katholische und evangelische Landesfürsten gegeneinander auf und mündete im Dreißigjährigen Krieg, der zwischen 1618 und 1648 weite Teile des Kontinents verwüstete. Nahezu die Hälfte der europäischen Bevölkerung fand dabei den Tod.

Sieg der »Vernunft«

Gegen fürstliche und kirchliche Gewalt und Bevormundung formierte sich im 17. und 18. Jahrhundert die Aufklärung: Glaube und Vernunft sollten ebenso getrennt werden wie die Kirche vom Staat, der künftig eben nicht mehr nach »göttlichen«, sondern nach vernünftigen Maßstäben zu lenken sei. Und das hieß auch, dass die Menschen nicht mehr unmündige Untertanen einer sich

»Die Freiheit führt das Volk«, so heißt dieses berühmte Gemälde des französischen Malers Eugène Delacroix, das erst 1830 entstand, aber bestimmte Kennzeichen der Französischen Revolution von 1789 wieder aufnimmt – die blau-weiß-rote Fahne, die die Franzosen »Trikolore« nennen, und die Jakobinermütze.

auf Gott oder die Abstammung berufenden Adelsherrschaft sein sollten, sondern freie, gleichberechtigte Bürger. Mit der Französischen Revolution von 1789 schien der Sieg der »Vernunft« besiegelt. Aus dem Königreich war eine Republik geworden. Die Begeisterung darüber verbreitete die aufklärerischen Ideen über den gesamten Kontinent. Überall gärte es, wurden Forderungen nach Selbst- und Mitbestimmung laut.
Das Europa, wie wir es kennen, nahm zu dieser Zeit Gestalt an: Die Kirche wurde zunehmend aus der Macht gedrängt, die Menschenrechte wurden begründet und in vielen Ländern Europas entstanden freiheitliche Verfassungen, die den Einzelnen gegenüber dem Staat in Schutz nahmen.

Napoleonische Kriege

Manches aber blieb beim Alten. Die Rivalität und Konkurrenz der Fürsten- und Königshäuser setzte sich fort in neuen Rivalitäten. Die aus der Revolution hervorgegangene französische Republik war umgeben von Monarchien, die sich durch die republikanischen Ideen bedroht sahen. Spanien, Italien, Preußen, Österreich, Russland – überall rüsteten die adligen Herrscher zum Krieg gegen Frankreich. Dort war ein Mann in die Führung des Militärs gelangt, der bis heute als einer der fähigsten Feldherren aller

Erklärung der Menschenrechte
Nach dem Vorbild der amerikanischen Unabhängigkeitserklärung von 1776 verabschiedete die französische Nationalversammlung 1789 die »Erklärung der Menschen- und Bürgerrechte«: Alle Menschen sind von Geburt an frei und mit den gleichen »natürlichen und unveräußerlichen Rechten« wie Freiheit, Eigentum oder Schutz vor Unterdrückung ausgestattet. Heute sind die Menschenrechte Bestandteil aller europäischen Verfassungen und der »Allgemeinen Erklärung der Menschenrechte«, die von den Vereinten Nationen 1948 verkündet wurde.

Zeiten gilt: Napoleon Bonaparte. Unter seiner Führung brachten die französischen Truppen den Italienern, Österreichern, Russen und Preußen empfindliche Niederlagen bei. In nur kurzer Zeit, zwischen 1804 und 1815, gelang es Napoleon, fast ganz Europa unter seine Kontrolle zu bringen. Aber am 18. Juni 1815 musste er sich in der Nähe des belgischen Ortes Waterloo einer britisch-preußischen Übermacht geschlagen geben und wurde auf die Insel St. Helena im südlichen Atlantik verbannt.

Napoleons Eroberungen hatten die politische Landkarte Europas einschneidend verändert. Viele Grenzen waren neu gezogen worden. Die meisten dieser Veränderungen wurden auf dem »Wiener Kongress«, zu dem vom September 1814 bis zum Juni 1815 alle politisch bedeutenden Mächte in Wien zusammenkamen, rückgängig gemacht und die alte Ordnung vielfach wieder hergestellt. Frieden brachte das den europäischen Ländern nicht.

Der General In Frankreich war die Revolution aus dem Ruder gelaufen. Das Land wurde von den Jakobinern beherrscht, die Angst und Schrecken verbreiteten – bis General Napoleon Bonaparte (in der Mitte des Bildes) die Macht ergriff und die Revolution für beendet erklärte. Der Anführer der Jakobiner, Maximilien Robespierre, starb auf dem Schafott. Ganz Paris feierte seine Hinrichtung.

Lehrmeister Krieg

Der Friede währte nie lange in Europa. Im Ersten Weltkrieg (1914–1918) und im Zweiten Weltkrieg (1939–1945) stand der Kontinent am Rande des Untergangs. Und selbst nachdem die Waffen im Mai 1945 endlich schwiegen, schien das alte Europa, das Europa des Gegeneinanders, in der Teilung des Kontinents in die verfeindeten Blöcke West und Ost weiterhin die Oberhand zu behalten.

Die europäische Geschichte gleicht über weite Strecken einer Kriegsgeschichte. Aber Europa hat am Ende daraus gelernt. Besonders aus den Katastrophen der zwei Kriege im 20. Jahrhundert wurde Neues geboren. »Nie wieder Krieg« hieß das Ziel, das das Denken der Menschen und das Handeln der Politiker von nun an prägte. Zunächst auf den Westen beschränkt, versuchten die europäischen Nationen ihre jeweilige Eigenheit und Unabhängigkeit nicht mehr gegeneinander, sondern in ein Miteinander zu wenden. Verstärkte Zusammenarbeit oder sogar »Einheit in Vielfalt« wurde zum Motto, das ein neues Europa entstehen lassen sollte. Auf dem Weg dahin sind die Europäer mittlerweile ein gutes Stück vorange-

kommen. Und das war gar nicht so leicht. Auch Rückschläge hat es gegeben, zum Beispiel während der 1990er-Jahre im ehemaligen Jugoslawien.
Als vier der sechs jugoslawischen Teilrepubliken, die bis dahin einen Gesamtstaat gebildet hatten, unter Berufung auf das Selbstbestimmungsrecht der Völker nach Unabhängigkeit strebten, reagierten Serbien und Montenegro mit Gewalt. Es kam zum Krieg. Erst durch das Eingreifen amerikanisch-europäischer Streitkräfte konnte ein Frieden erzwungen werden.

Am 5. April 1992 begann die Belagerung von Sarajewo, heute die Hauptstadt von Bosnien und Herzogowina, durch die Serben. Den serbischen Heckenschützen, deren Feuer hier von einem bosnischen Soldaten erwidert wird, fielen Tausende von Zivilisten zum Opfer.

Gerade an der europäischen Vielfalt – an den unterschiedlichen Werten, Interessen, Erfahrungen der so verschiedenen Europäer – kann sich stets wieder Streit entzünden.
Gemeinsam ist den Europäern heute die Vorstellung, dass der Mensch mit seinen Rechten das Zentrum aller politischen und gesellschaftlichen Ordnung ist – nicht ein Kaiser, ein Staat, eine Religion oder eine politische Überzeugung. Letzteres unterschied die westlichen Demokratien im vergangenen Jahrhundert von den kommunistischen Staaten und begründete jahrzehntelang eine tiefe Feindschaft zwischen Ost und West. Der Kontinent und seine Mitte – Deutschland – waren geteilt, und die Gegensätze schienen unüberbrückbar.

Die Teilung Europas

1945: Europa lag in Trümmern. Millionen waren auf der Flucht oder wurden aus ihrer Heimat vertrieben. Der Krieg war vorbei, aber die Zukunft ungewiss. Die im Kampf gegen Hitler verbündeten »Großen Drei« – Josef Stalin, der mächtigste Mann der Sowjetunion, Winston Churchill, der englische Premierminister, und der amerikanische Präsident Franklin D. Roosevelt – hatten über die Nachkriegsordnung Europas sehr unterschiedliche Vorstellungen. Mehr und mehr betrachteten sich die beiden Großmächte USA und die Sowjetunion als Gegner und Konkurrenten. Wenige Jahre später war Europa geteilt und in zwei feindliche Machtblöcke zerfallen. Und an kaum einem anderen Ort trafen Ost und West so hart aufeinander wie in Deutschland.

Der Krieg ist aus

Der 8. Mai 1945 war für Europa ein Tag der Befreiung: Der Zweite Weltkrieg war zu Ende, Deutschland endlich besiegt. So steht es zumindest in unseren Geschichtsbüchern. Tatsächlich aber unterzeichneten die deutschen Generäle schon einen Tag früher in der französischen Stadt Reims die bedingungslose Kapitulation an allen Fronten. Das sollte aber noch nicht öffentlich bekannt werden. Die Journalisten, die davon wussten, wurden zur Einhaltung einer »Sperrfrist« verpflichtet. Einer aber hielt sich nicht daran.

Ein Soldat der Roten Armee hisst nach der Eroberung von Berlin am 30. April 1945 die sowjetische Fahne auf dem Reichstagsgebäude.

Im Londoner Büro der Nachrichtenagentur Associated Press klingelte am 7. Mai nachmittags das Telefon. Ein Journalist des Pariser Büros der Agentur meldete nach London, Deutschland habe in Reims bedingungslos kapituliert. Aber die Verbindung war schlecht und in London mochte man dieser Nachricht nicht recht glauben. Man wollte Einzelheiten wissen. Da klinkte sich auf einmal eine dritte Stimme in das Gespräch ein: »Hier ist Ed Kennedy. Deutschland hat bedingungslos kapituliert. Das ist offiziell«, sagte Kennedy, Leiter des Nachrichtenstabs von Associated Press für die Westfront. Er ordnete an, die Nachricht mit Datums- und Ortsangabe »rauszuschicken«. Das war ein Verstoß gegen die Sperrfrist und Kennedy wurde wenig später vom Dienst beurlaubt. Aber die Nachricht war in der Welt.

Deutschland gibt auf

»Reims, Frankreich. 7. Mai (AP). Um 2.41 Uhr französischer Zeit hat Deutschland bedingungslos vor den westlichen Alliierten und der Sowjetunion kapituliert. Die Kapitulation erfolgte in einem kleinen roten Schulgebäude, dem Hauptquartier von General Dwight D. Eisenhower. Die Kapitulation, die den Krieg nach fünf Jahren, acht Monaten und sechs Tagen des Blutvergießens und der Zerstörung beendete, wurde für Deutschland von Generaloberst Alfred Jodl unterzeichnet, dem neuen Stabschef der deutschen Armee.«

8. Mai 1945: Victory in Europe

Wenige Stunden später regnete es Konfetti von den Hochhäusern in den Straßen New Yorks, wildfremde Menschen küssten sich, die Glocken läuteten, Schiffssirenen heulten. Eine offizielle Bestätigung des Kriegsendes aber blieb aus.
Denn die Siegermächte hatten den 8. Mai zum VE-Day bestimmt, zum »Victory in Europe«-Tag. Kennedy hatte ihnen unerlaubt dazwischengefunkt.
Um neun Uhr am Morgen des 8. Mai gab der amerikanische Präsident die Nachricht vom Kriegsende in Europa offiziell bekannt. Auf Wunsch der Sowjetunion erfolgte noch die Unterzeichnung einer zweiten Kapitulationserklärung der Deutschen im russischen Hauptquartier Berlin-Karlshorst am 9. Mai um 0.16 Uhr.

**Viele Deutsche empfanden das Ende des Krieges als Zusammenbruch, nicht als Befreiung. Hinzu kam die Angst vor den Besatzern. Wie würden diese mit ihnen umgehen?
Die Fahnen schwenkenden amerikanischen Soldaten auf dem Dach eines Hauses in Nürnberg hingegen feierten ihren Sieg.**

»Ihr Job ist beendet«

In London tobte in der Nacht vom 7. auf den 8. Mai ein Gewittersturm. Um eine Minute nach Mitternacht betrat die Sekretärin das Büro des englischen Premierministers Winston Churchill zum üblichen nächtlichen Diktat. Churchill empfing sie mit den Worten:
»Der Krieg ist aus. Ihr Job ist beendet.«

Die Sieger im Kampf gegen Deutschland Der Krieg dauerte noch an, als dieses Foto 1943 von dem englischen Premierminister Winston Churchill (links), dem amerikanischen Präsident Franklin D. Roosevelt (in der Mitte) und dem Herrscher über das Sowjetreich Josef Stalin (rechts) während einer Konferenz in Teheran gemacht wurde.

»Zusammen mit den Armeen unserer Verbündeten bricht die Rote Armee der faschistischen Bestie das Rückgrat. J. Stalin«. Mit diesem Propagandaplakat wollte die Sowjetunion während des Krieges die Moral der eigenen Truppe stärken und für das Bündnis zwischen Briten, Sowjets und Amerikanern werben.

Die »Großen Drei«

Gegen Hitler hatten die »Großen Drei« – Stalin, Churchill und Roosevelt – ein Zweckbündnis geschlossen. Sie wussten, dass sie aufeinander angewiesen waren, wenn sie den Krieg gewinnen wollten. Aber im Laufe der Zeit verschlechterte sich die Stimmung zwischen ihnen. Sie waren sich nicht einig über Europas Zukunft. Stalin wollte so viele Länder wie möglich unter den Einfluss der kommunistischen Sowjetunion bringen. Churchill drängte den amerikanischen Präsidenten, schneller ostwärts zu marschieren, damit vor allem Berlin nicht den Russen in die Hände fiel. Aber Roosevelt wollte das Leben seiner Soldaten schonen.

Europas neue Landkarte

Stalin forderte, Polen nach Westen zu verschieben: Der östliche Teil des Landes sollte für die Russen »frei gemacht«, die Polen dafür mit ostdeutschen Gebieten »entschädigt« werden. Deutschlands neue Grenze sollte entlang der Flüsse Oder und Neiße verlaufen. Die einst deutschen Gebiete Ostpreußen, Pommern, die Kurmark und Schlesien würden polnisch werden. Die dort wohnenden Deutschen sollten ins restliche Deutschland zwangsausgewiesen werden. Die ost- und südosteuropäischen Länder, so Stalin, müssten künftig als »sowjetische Interessensphäre« gelten.

Die Karte zeigt den neuen Verlauf von Polens Westgrenze: Das rosa gefärbte Gebiet – bisher deutsch – wurde nach dem Krieg den Polen zugesprochen, das übrige Deutschland in vier Besatzungszonen aufgeteilt.

Drei Streichhölzer

Churchill hörte sich Stalins Wunsch nach Polens Westverschiebung an und legte dann drei Streichhölzer auf den Tisch. Das linke Holz stand für Deutschland, das in der Mitte für Polen, rechts lag Russland. Der Engländer rückte das russische Streichholz nach links und verschob dadurch auch die beiden anderen nach links. Mit drei Streichhölzern wurden Polens Landesgrenzen um durchschnittlich 100 Kilometer weiter nach Westen verschoben.
Die ganze Aktion sei doch wie bei »Soldaten, die seitlich wegtreten«, meinte Churchill, und wenn man dabei auf einige deutsche Zehen trete, sei das eben nicht zu ändern.

»Erklärung über das befreite Europa«

Die »Großen Drei« verabschiedeten zwei Monate vor Ende des Krieges in Jalta eine gemeinsame »Erklärung über das befreite Europa«, an dessen Neugestaltung »alle demokratischen Kräfte der Bevölkerung« zu beteiligen seien, um eine »auf Recht und Gesetz gegründete Weltordnung« zu schaffen. Künftig wollte man sich für das Selbstbestimmungsrecht der Völker und für Gewaltverzicht einsetzen, so wie Churchill und Roosevelt es schon 1941 in der »Atlantik-Charta« beschlossen hatten.

Die Gründung der Vereinten Nationen Die Atlantik-Charta gilt als Keim der »Vereinten Nationen«. Am 25. Juni 1945 kamen Vertreter aus 50 Nationen nach San Francisco, um die 111 Artikel umfassende Charta der Vereinten Nationen zu unterschreiben. Die »United Nations Organisation«, kurz: UNO, war geboren. Feierlich gelobten die Unterzeichner, »die Menschheit vor der Geißel des Krieges zu bewahren«. Gelungen ist ihnen das bisher leider nicht.

Flucht und Vertreibung

Vierzehn Millionen Deutsche mussten ab Ende 1944 aus den ehemaligen Ostgebieten des Deutschen Reiches flüchten. Schlecht ausgerüstet, ohne Lebensmittel und militärischen Angriffen schutzlos ausgeliefert, zogen die Flüchtlinge in Richtung Westen. Züge fuhren nicht mehr. Die Menschen flohen zu Fuß, mit Handwagen oder auf Pferdefuhrwerken.
Etwa 500 000 starben auf der Flucht. Die Kinder waren die ersten Opfer. Auch alte, kranke und schwache Menschen waren dem Hunger, der Kälte und den Strapazen nicht gewachsen. Sowjetische Tieflieger beschossen die Flüchtlinge.
Wer von den russischen Soldaten eingeholt wurde, dem drohten Inhaftierung, Zwangsarbeit, Vergewaltigung oder Ermordung. Männer und Jugendliche wurden oft nach Russland verschleppt. Die Russen nahmen Rache für die 25 Millionen Toten, die im Krieg gestorben waren – die Hälfte davon Zivilisten. Acht Millionen Flüchtlinge gelangten nach West-, vier Millionen nach Ostdeutschland; eine Million wanderte in andere Länder aus.
Auch aus anderen von dem »Dritten Reich« eroberten Gebieten wurden die Deutschen vertrieben. Die Polen und die Tschechen rächten sich jetzt für das Leid, das die Deutschen ihnen in den Jahren des Krieges angetan hatten. Tausende wurden ermordet. Hunderttausende in Lagern inhaftiert oder zur Zwangsarbeit verpflichtet.

Der Weg übers Meer Etwa zwei bis drei Millionen Menschen flüchteten in die Ostseehäfen. Manche fanden noch Platz auf den überfüllten Flüchtlingsschiffen. In Sicherheit war man dort nicht. Am 30. Januar 1945 wurde das ehemalige Kreuzfahrtschiff »Wilhelm Gustloff« mit über 10 000 Flüchtlingen und verwundeten Soldaten an Bord von drei sowjetischen Torpedos getroffen. Tausende ertranken oder erfroren im Eiswasser der Ostsee, nur 1239 Passagiere konnten gerettet werden.

Millionen Flüchtlinge, »Rucksackdeutsche« genannt, kamen am Ende des Krieges und danach in das besetzte Deutschland. Ihnen fehlte es an allem. Willkommen geheißen wurden sie nicht, denn die Menschen mussten mit ihnen ihre Häuser und Wohnungen teilen. Es dauerte Jahre, bis die »Vertriebenen« in die Gesellschaft integriert waren.

Zwangsumsiedlungen

Aber nicht nur Deutsche verloren ihre Heimat. Von der Verschiebung der Grenzen durch Kriegseroberungen waren auch andere betroffen. Etwa drei Millionen Polen wurden in die ehemals deutschen Gebiete »umgesiedelt«; mehr als 1,5 Millionen Ukrainer mussten zwangsweise ihre Heimat verlassen, fast zwei Millionen Slowaken und Tschechen traf ein ähnliches Schicksal. Von einer »humanen« und »geordneten Vertreibung«, wie die Siegermächte es versprochen hatten, konnte nicht die Rede sein. Bauern mussten jetzt in einer ihnen fremden Stadt ein neues Leben beginnen, Städter mit der Landwirtschaft zurechtkommen.

Zentrum gegen Vertreibungen

Noch 60 Jahre nach Kriegsende gab es einen erbitterten Streit, als der Bund der Vertriebenen eine Gedenkstätte in Berlin forderte, um an das Leid der vertriebenen Deutschen zu erinnern. Polen, Tschechen und Slowaken sahen darin einen Versuch, die Deutschen von der Kriegsschuld reinzuwaschen und als Opfer des Krieges darzustellen.

Potsdam, Juli 1945

Zehn Wochen nach Kriegsende trafen sich die »Großen Drei« in Potsdam. Diese Konferenz vom 7. Juli bis zum 2. August sollte ihr Abschlusstreffen werden, das »letzte große Fest des Krieges«. Aber die Siegermächte konnten sich nicht über Europas Zukunft einigen. Und kaum etwas sollte sie in den nächsten Jahren so entzweien wie der Machtkampf, den sie um das besetzte Deutschland austrugen. Das Resultat dieser Konferenz, stellte der Stabschef des amerikanischen Präsidenten später fest, war »der Anfang des Kalten Krieges zwischen den Vereinigten Staaten und der Sowjetunion«.

Der Neue »Ich bin jetzt auf dem Weg zu Stalin und Churchill«, schrieb der amerikanische Präsident Harry S. Truman seiner Mutter. »Ich muss meinen Smoking und meinen Frack mitnehmen, Zylinder, steifen Hut und andere Sachen. Meine Aktenmappe ist voll mit Unterlagen über die früheren Konferenzen und mit Vorschlägen, was ich tun und sagen soll. Am liebsten würde ich überhaupt nicht fahren, aber ich muss, ein Zurück gibt es nicht mehr.«

Stalin war der Gastgeber dieser Konferenz. Die Gärtner hatten sich Mühe gegeben und im Innenhof des Potsdamer Schlosses Cecilienhof einen großen, fünfzackigen Sowjetstern aus roten Geranien gepflanzt. Aber das Treffen stand unter keinem guten Stern.
Churchill hatte gerade eine Magenverstimmung überwunden; Stalin musste wegen eines Herzanfalls seine Anreise um einen Tag verschieben. Roosevelt war einen Monat vor Ende des Krieges, am 12. April 1945, gestorben – ein Schock für die amerikanische Nation. Sein Vizepräsident Harry Spencer Truman war an seine Stelle getreten, und der hatte überhaupt keine Lust auf das Treffen mit den beiden anderen.

Regierungswechsel Ende Juli, noch bevor die Konferenz abgeschlossen war, erschien zur Verblüffung der Teilnehmer nicht mehr Churchill, sondern der neugewählte britische Premierminister Clement Atlee. Churchills Konservative Partei hatte die Wahlen in England verloren.

Der »Eiserne Vorhang«

Einer beargwöhnte den anderen. Stalin traute Churchill jedes Betrugsmanöver zu, sobald man ihm gegenüber auch nur die geringste Schwäche zeigte. Truman wusste nicht, was er von dem britischen Premier halten sollte, der schon ziemlich vertraut mit dem sowjetischen Diktator umging. Und Churchill fürchtete, die Amerikaner könnten sich nach Roosevelts Tod ganz aus Europa zurückziehen, Thüringen und Sachsen hatten sie schon den Russen überlassen.
Churchills Befürchtungen bestanden zu Recht. Denn die Russen dehnten – entgegen der Absprache – ihren Einflussbereich weiter aus und schleusten nach und nach überall mit Erfolg kommunisti-

Die Sowjets auf dem Vormarsch
»Die Lage in Europa beunruhigt mich zutiefst«, hatte Churchill schon am 12. Mai 1945 an Truman telegrafiert. »Die Zeitungen sind voll von Nachrichten über den massiven Abzug der amerikanischen Armeen aus Europa.« Das aber würde das Feld mehr und mehr den Sowjets überlassen und die seien auf dem »Vormarsch ins Herz Europas«. Was aber hinter der russischen Front vor sich ginge, wisse man gar nicht.

sche Politiker in die Regierungen. Churchill warnte vor dem »Eisernen Vorhang«, der vor den russisch besetzten Gebieten niederginge. Tatsächlich gehörten kurze Zeit später nahezu alle ost- und südosteuropäischen Länder zum sogenannten Sowjetblock und waren von Moskau abhängig.

»Little Boy« Am 6. August, noch während seiner Heimreise an Bord des Kreuzers »Augusta«, erfuhr Truman, der Abwurf der Atombombe auf Hiroshima sei »ein glatter Erfolg« gewesen. »Little Boy«, so hieß die Bombe, tötete 100 000 Menschen sofort, weitere 100 000 starben kurz darauf. Die Atombombe zwang Japan, das bis dahin im Krieg mit Amerika gestanden hatte, zur bedingungslosen Kapitulation. Die Amerikaner hatten mit der Atombombe für die nächsten Jahre eine überlegene Waffe in der Hand.

Ein Geheim-Telegramm

Trumans Stimmung hatte sich zu Konferenzbeginn schlagartig gebessert. Denn kurz nach seiner Ankunft in Potsdam war ihm ein geheimnisvolles Telegramm zugestellt worden: »Babies satisfactorily born« (»Geburt der Babys erfolgreich verlaufen«). Gemeint war damit die »Geburt« der ersten Atombombe, die in der Wüste des amerikanischen Bundesstaates New Mexico erfolgreich gezündet worden war. Truman gab diese Erfolgsmeldung unerhörten Auftrieb. »Er war ein anderer Mann, als er nach der Lektüre dieses Berichts zu unserem Treffen kam«, erinnerte sich Churchill später. »Er dirigierte die Russen hin und her und hatte die ganze Versammlung in der Hand.«
Wenige Tage später informierte Truman Stalin von der Atombombe. In den nächsten Jahren setzte die Sowjetunion alles daran, militärisch mit den Amerikanern gleichzuziehen. Das Wettrüsten begann.

Die vierte Besatzungsmacht

Die Amerikaner und die Briten wollten Frankreich als vierte Besatzungsmacht in den Kreis der Siegermächte aufnehmen. Sie wollten sichergehen, dass auch in den nächsten Jahren noch eine militärische Macht auf Deutschland aufpassen und ein Gegengewicht gegen die Sowjetunion bilden würde, wenn die Engländer sich wieder auf ihre Insel und die Amerikaner aus Europa zurückgezogen hätten. Stalin passte das gar nicht: Die Beute jetzt durch vier teilen? Das wollte er nicht und stimmte nur unter der Bedingung zu, dass die Amerikaner und die Briten jeweils einen Teil der von ihnen besetzten deutschen Gebiete an Frankreich abtreten sollten.
Die Franzosen erhielten von den Briten und den Amerikanern ein an der Grenze zu Frankreich liegendes Gebiet. Die Russen besetzten die sogenannte »Ostzone«, aus der später die DDR hervorging, die Amerikaner den Süden und die Briten den Norden und den Westen.

Viermächte-Verantwortung
Die Regierungsgewalt in Deutschland sollte künftig durch die Oberbefehlshaber der alliierten Streitkräfte ausgeübt werden, und zwar jeweils in der eigenen Besatzungszone. Ostdeutschland wurde unter sowjetische Verwaltung gestellt, Berlin in vier Sektoren aufgeteilt. Die endgültigen deutschen Grenzen wollte man später in einem Friedensvertrag festlegen. Ein Alliierter Kontrollrat, bestehend aus Vertretern der vier Siegermächte, sollte bis dahin über alle gesamtdeutschen Fragen entscheiden (Viermächte-Verantwortung).

Aus Stoffresten wurden bei der Übernahme der Regierungsgewalt durch die Alliierten die Fahnen der Siegermächte zusammengenäht.

Amerikanische Soldaten bewachen den Sektorenübergang in Berlin, das in vier von den Siegermächten beaufsichtigte Sektoren aufgeteilt wurde.

Die Berlin-Krise

Der nächste Zankapfel zwischen den Siegermächten war Berlin. Der Stadt war in den Abkommen zwischen den Siegermächten ein Sonderstatus zugebilligt worden. Sie lag inmitten der sowjetischen Besatzungszone, ihre vier Sektoren unterstanden jeweils einem Stadtkommandanten. Später wollte man entscheiden, was aus der deutschen Hauptstadt werden sollte.
1948 kam es zur Krise zwischen den Westmächten und der Sowjetunion: Die Sowjets blockierten sämtliche Land- und Wasserwege nach Berlin. Als die Blockade 1949 aufgehoben wurde, war die Stadt geteilt.

So wurde für die D-Mark, das neue Zahlungsmittel, 1948 geworben. Nach dem Krieg waren amerikanische Zigaretten die wichtigste »Währung« gewesen. Die konnte man auf dem verbotenen »Schwarzmarkt« am besten gegen alles tauschen, was man zum Leben brauchte. Wenige Tage nach der Währungsreform gab es in den Läden wieder lang entbehrte Waren zu kaufen.

November 1947: In Bremerhaven wurde eine geheimnisvolle Schiffsladung von 4800 Kisten gelöscht. Sie enthielten Geld, viel Geld: die D-Mark. Die Amerikaner hatten die Briten und die Franzosen überzeugt, wie notwendig diese neue Währung war, wenn Deutschland erfolgreich in die europäische Wirtschaft eingegliedert werden sollte. Acht Monate später, am 20. Juni 1948, wurde die neue Währung überall in den westlichen Besatzungszonen eingeführt, fünf Tage später auch in Westberlin.

Der Beginn der Blockade

Die Sowjets waren erzürnt, sie sahen darin einen Verstoß gegen die Vereinbarung der Siegermächte. Entscheidungen, die Deutschland als Ganzes betrafen, mussten einstimmig zwischen allen vier Mächten gefällt werden. Sie waren deshalb nicht bereit, dieses Vorgehen der Westmächte einfach hinzunehmen. Berlin lag in dem von ihnen besetzten Gebiet. Man konnte die Stadt jederzeit von allen Versorgungskanälen abschneiden. Genau das taten die Sowjets auch: Sie unterbrachen jeglichen Landverkehr nach Berlin, die Schifffahrt wurde gestoppt, die Stromlieferung eingestellt. Am 24. Juni begann die Blockade.

Die Luftbrücke

Die Westmächte waren entschlossen, den Kampf um Berlin aufzunehmen. Drei Luftkorridore standen ihnen zur Verfügung, um die tägliche Versorgung von 2,2 Millionen Westberlinern zu gewährleisten. Die »Operation Vittles« (»Operation Lebensmittel«) – die Luftbrücke – wurde gestartet. Mit der Organisation betrauten die Amerikaner Brigadegeneral Joseph Smith. Er entwarf ein präzises System von fünf verschiedenen Flughöhen, um die Luftkorridore optimal zu nutzen. Auf diese Weise konnte alle drei Minuten ein Flugzeug in Berlin Tempelhof landen.

Willie, the Whip

Kurz darauf gründeten die Amerikaner eine spezielle Einsatzgruppe, die »Airlift Task Force«. Sie stand unter dem Kommando von Generalmajor William H. Tunner. Für ihn war die Auseinandersetzung mit den Russen ein Kampf zwischen »der freien und der versklavten Welt«, und den wollte »Willie, the Whip« (»Willie, die Peitsche«) auf keinen Fall verlieren. Er entwickelte ein ausgeklügeltes Versorgungssystem. Fortan durften die Piloten nach der Landung ihre Maschinen nicht mehr verlassen, um sich frisch zu machen oder etwas zu essen.

Kriegsdrohung Präsident Truman hielt in seinem Tagebuch »das schreckliche Gefühl« fest, »dass wir einem Krieg sehr nahe sind«. Er ließ B-29-Bomber nach Europa verlegen, die Atombomben tragen konnten. Das war eine unmissverständliche Drohung an die Adresse der Sowjets.

Radar Alle machten sich Sorgen um die nebligen Wintermonate – bei schlechter Sicht alle drei Minuten ein Flugzeug landen zu lassen, war lebensgefährlich. Aber bis dahin hatten die Amerikaner den »Ground Control Approach« entwickelt – die Radartechnik, bei der der Pilot für die Landung ganz den Anweisungen des Fluglotsen am Boden vertrauen musste.

Westberlins Kinder spielen Luftbrücke.

Am 9. September 1948 versammelten sich Hunderttausende Westberliner, um der Rede ihres Oberbürgermeisters Ernst Reuter zuzuhören: »Ihr Völker der Welt! Schaut auf diese Stadt und erkennt, dass ihr diese Stadt und dieses Volk nicht preisgeben könnt! Es gibt nur eine Möglichkeit für uns alle: gemeinsam so lange zusammenzustehen, bis dieser Kampf gewonnen, bis dieser Kampf endlich durch den Sieg über die Feinde, durch den Sieg über die Macht der Finsternis besiegelt ist.«

Wetterdaten und Fluganweisungen wurden ihnen direkt an die Maschinen gebracht, eine mobile Snack-Bar versorgte sie mit Essen. Zwischen den beiden in der britischen Zone liegenden Flughäfen Celle und Fassberg und dem Ruhrgebiet wurden neue Gleise verlegt, damit der Kohlenachschub schneller herangeschafft werden konnte. Denn die Kohle, die für die Industriebetriebe und die Stromversorgung in Berlin gebraucht wurde, machte den größten Teil der Luftfracht aus. Jeden Monat mussten allein 250 000 Jutesäcke für ihren Transport neu organisiert werden.

Mit Dynamit Weil einige Türme des kommunistischen Senders »Radio Berlin« die Landung gefährdeten, ließ der französische Kommandant sie sprengen. Wütend protestierte der sowjetische Stadtkommandant und forderte eine Erklärung: »Wie konnten Sie das tun?« Gelassen antwortete der Franzose: »Mit Dynamit, Herr Kollege.«

Ein neuer Flughafen wird gebaut

Die Anstrengungen der westlichen Siegermächte waren gigantisch. Und alle beteiligten sich daran. 20 000 Berliner mussten antreten, um auf einem ehemaligen Schießplatz der Franzosen in Berlin-Tegel rund um die Uhr in mehreren Arbeitsschichten einen zu-

sätzlichen Flughafen zu bauen. Sämtliches Baugerät – Bagger, Walzen, Steinbrecher und 120 000 Tonnen Bitumen – musste eingeflogen werden. Aber schon nach 85 Tagen war der Flughafen fertig.
Flugzeuge wurden aus Alaska und Hawaii, Weizen aus Kanada, Kartoffeln aus dem amerikanischen Bundesstaat Maine herbeigebracht. Tankschiffe mit Flugbenzin fuhren im Akkord über den Atlantik. Etwa 150 000 Menschen arbeiteten an der Luftbrücke mit. 280 000 Flüge von und nach Berlin absolvierten die amerikanischen und britischen Piloten. 2,1 Millionen Tonnen Güter wurden in die Stadt transportiert. 200 Millionen US-Dollar kostete die Brücke – und der Dollar war damals viel mehr wert als heute, etwa 10 Euro.

Durchhalten Die Berliner hungerten und froren. Die Luftbrücke konnte nur das Notwendigste zum täglichen Überleben herbeischaffen: 30 g Fett, 40 g Büchsenfleisch, 50 g Nährmittel, 5 g Käse, Trockenei, Trockenkartoffel, Trockenmilch, höchstens vier Stunden täglich Strom, für die Wintermonate pro Kopf 25 Pfund Brennstoff. Aber die Westberliner waren entschlossen durchzuhalten. Die Menschen aßen Gänseblümchensalat, machten Blutwurst aus Eicheln oder »Fleischklößchen« aus Hefe.

Rosinenbomber

Der amerikanische Pilot Gail Halvorsen fing eines Tages an, Schokolade an Taschentücher zu binden und sie vor der Landung über Berlin abzuwerfen. Bald bastelten viele seiner Kollegen an diesen kleinen Fallschirmen und ließen daran Bonbons, Kaugummi und Schokolade hinuntergleiten – insgesamt 23 Tonnen Süßigkeiten warfen die US-Piloten während der Blockade ab. In Amerika wurde für die Unterstützung der »Operation Little Vittles« überall gesammelt.

Das Ende der Blockade

Am 12. Mai 1949 gaben die Sowjets nach 322 Tagen Blockade auf. Das war ein großer Triumph für den Westen. Westberlin war in diesen Monaten zum Symbol der Verteidigung von Freiheit und Demokratie geworden. Das Verhältnis zwischen den Deutschen und den westlichen Besatzungsmächten änderte sich grundlegend. Aus Besatzungsmächten wurden Schutzmächte. Das galt besonders für das Verhältnis zu den Amerikanern.

10 Millionen Hilfspakete schickten die Amerikaner in den Nachkriegsjahren nach Westdeutschland.

Der Beginn des Ost-West-Konflikts

Die Berlin-Krise hatte das Bündnis zwischen den Westmächten und der Sowjetunion endgültig zerbrechen lassen. Nicht nur die Westzonen und die sowjetische Zone entwickelten sich immer weiter auseinander; auch außerhalb von Deutschland nahmen die Gegensätze zwischen Ost und West zu. Der Versuch einer gemeinsamen Neuordnung Europas war gescheitert.

Der Kalte Krieg

Nach 1945 geriet die Truman-Regierung unter Druck. Die amerikanische Bevölkerung und der amerikanische Kongress forderten, die in Europa stationierten amerikanischen Soldaten endlich nach Hause zu bringen – »bring the boys back home«. Der Krieg sei schließlich vorbei.

Die Erfahrungen der Berlin-Blockade aber hatten Trumans Entschluss gefestigt, in Europa nicht nur politisch und wirtschaftlich einzugreifen, sondern auch Truppen stationiert zu halten, um den wachsenden Einfluss des Kommunismus notfalls militärisch »einzudämmen«.

Der Wahlkampfbutton, mit dem der amerikanische Präsident Harry S. Truman 1948 mit dem Slogan »No Retreat« (Kein Rückzug) für seine Wiederwahl warb.

»Eindämmen«

Truman und seine Berater fürchteten immer mehr die Übermacht der Sowjetunion in einem vom Krieg geschwächten Europa. Wenn sich die Amerikaner ganz zurückziehen würden, dann könnte womöglich nach Osteuropa nun auch noch Westeuropa den Russen anheimfallen. Und das konnten sich die USA – auch aus wirtschaftlichen Gründen – nicht leisten. Sie brauchten Europa als politischen Partner. Aber für diese Position musste der Präsident in seinem eigenen Land noch Überzeugungsarbeit leisten.

Die Truman-Doktrin

Am 12. März 1947 hielt er vor dem amerikanischen Kongress eine Grundsatzrede, in der er allen vom Kommunismus bedrohten »freien Völkern« amerikanische Unterstützung zusicherte. Dieser Grundsatz wurde als »Truman-Doktrin« berühmt. Jede Nation müsse in Zukunft zwischen westlicher Demokratie, die sich auf freie Wahlen und den Willen der Mehrheit stütze, und Kommunismus wählen, in dem der Mehrheit der Wille einer Minderheit aufgezwungen werde. Damit sprach der amerikanische Präsident erstmals von einer Zweiteilung der Welt in ein westlich-demokratisches und ein östlich-kommunistisches Lager. Für diese weltanschauliche Auseinandersetzung prägte der amerikanische Journalist Walter Lippmann 1947 den Begriff »Kalter Krieg«. Der Kalte Krieg sollte vier Jahrzehnte lang, bis zum Jahr 1989, die Weltpolitik bestimmen. Und sein Zentrum in Europa war das geteilte Deutschland.

Aufmarsch der Freien Deutschen Jugend (FDJ), die 1946 in der sowjetisch besetzten Zone (SBZ) gegründet wurde, um die Jugend zum Sozialismus zu erziehen.

Die Großgrundbesitzer in der SBZ wurden enteignet und das Land an Kleinbauern verteilt, die sich später zu Produktionsgenossenschaften zusammenschließen mussten.

Die Teilung Deutschlands

Berlin war das Vorspiel gewesen: 1949 entstanden zwei neue Staaten auf deutschem Boden – die Bundesrepublik auf dem Gebiet der westlichen Besatzungszonen und die DDR in der sowjetischen Besatzungszone.

Wiederaufbau

Die drei Westmächte förderten in ihren Zonen den Aufbau einer parlamentarischen Demokratie, Marktwirtschaft und ein Mehrparteiensystem. Die DDR wurde nach sowjetischem Vorbild aufgebaut – mit sozialistischer Planwirtschaft und der Sozialistischen Einheitspartei SED, an ihrer Spitze der Generalsekretär Walter Ulbricht. Jede Opposition wurde von dem 1950 gegründeten Ministerium für Staatssicherheit (»Stasi«) unterdrückt.
Während Marktwirtschaft und amerikanische Hilfe der Bundesrepublik bald zu einem »Wirtschaftswunder« verhalfen, verzögerte sich der Wiederaufbau in der DDR, auch weil viele qualifizierte Arbeitskräfte über die noch offene Grenze in den Westen flüchteten. 1952 zogen Bautrupps Stacheldrahtzäune entlang der Grenze zur Bundesrepublik, das Überschreiten der Grenze wurde jetzt strafbar. Aber auch das hielt die Menschen nicht davon ab, zu Hunderttausenden jedes Jahr das Land zu verlassen.

Eine Postkarte, mit der die Sowjets ein Volksbegehren herbeiführen wollten und für die Einheit Deutschlands warben.

Streikende Arbeiter aus Ostberlin demonstrierten am 17. Juni 1953 gegen die Erhöhung der Arbeitsnormen und für die Wiedervereinigung des geteilten Deutschlands.

Jugendliche attackieren mit Pflastersteinen die in der Ostberliner Leipziger Straße anrollenden sowjetischen Panzer.

Der 17. Juni 1953

Die Bevölkerung der DDR war unzufrieden mit ihrem neuen Staat. Die Westdeutschen auf der anderen Seite der Grenze hatten es schon so viel besser. Und dann wurde im Mai 1953 auch noch eine Erhöhung der Arbeitsnormen beschlossen, das heißt die Arbeiter sollten bei gleichem Lohn mehr arbeiten.
Am 16. Juni gingen die Bauarbeiter in Ostberlin auf die Straße: »Berliner, reiht euch ein, wir wollen freie Menschen sein!«, riefen sie. Andere schlossen sich an.
Am 17. Juni 1953 brach der Aufstand los und weitete sich schnell zum landesweiten Flächenbrand aus. Die Arbeiter streikten – Streik aber war in der DDR verboten. Sie forderten freie Wahlen, die Wiedervereinigung des geteilten Deutschlands und die Ablösung des Regierungschefs Walter Ulbricht. Der Ausnahmezustand wurde verhängt.
Mithilfe der Volkspolizei schlugen russische Soldaten den Aufstand nieder. Tausende wurden verhaftet und angeblich etwa 20 Volkspolizisten und 40 Soldaten der Roten Armee standrechtlich erschossen, weil sie sich geweigert hatten, auf die Demonstranten zu schießen.

Die Mauer

Die Abwanderung aus der DDR nahm auch nach dem Aufstand kein Ende. Am Sonntag, dem 13. August 1961, riegelten Grenztruppen der DDR in den frühen Morgenstunden alle Übergänge nach Westberlin ab.

Wenig später wurden auch die Bewohner der DDR eingeschlossen: In den folgenden Monaten entstand von der Ostsee bis nach Bayern, zwischen Ost- und Westberlin und schließlich um ganz Westberlin herum ein insgesamt 1400 Kilometer langer Grenzwall. Straßen wurden gesperrt, Menschen mussten ihre Wohnungen aufgeben und wurden zwangsumgesiedelt, Familien und Freunde getrennt.

Die Berliner waren fassungslos und mussten doch dem Mauerbau ohnmächtig zusehen. Auch dem Regierenden Bürgermeister Willy Brandt blieben nur Appelle an die Westmächte. Doch die wollten keinen militärischen Konflikt mit den Sowjets riskieren. Denn inzwischen verfügte auch Moskau über Atombomben und weit reichende Raketen, mit denen es die Amerikaner im eigenen Land treffen konnte.

Schon seit 1952 wurden von der DDR an der deutsch-deutschen Grenze Stacheldrahtzäune errichtet, um die »Republikflucht«, die Abwanderung von Menschen in die Bundesrepublik, zu stoppen.

Die Mauer trennte Familien und Freunde. Anfänglich war sie noch so niedrig, dass man darüber hinwegschauen konnte.

Auf der 1961 errichteten Mauer wurden Glassplitter befestigt.

Let Europe Arise

Es waren drei ältere Männer, die das vereinigte Europa auf den Weg brachten. Der ehemalige englische Premierminister Winston Churchill forderte von den Völkern Europas, die gerade in einem Krieg auf Leben und Tod gegeneinander gekämpft hatten, sich zu einer europäischen Familie zusammenzuraufen. Dabei hatte er eigentlich gar nichts zu »fordern«, er war ein Mann ohne Macht, der vor kurzem als Chef einer Regierung abgewählt worden war.
Die beiden anderen Männer, der französische Staatschef Charles de Gaulle und der deutsche Kanzler Konrad Adenauer, sollten den Kern dieser Familie bilden.
Anfänglich schien das den Franzosen und den Deutschen unzumutbar. Aber de Gaulle und Adenauer wurden überzeugte Europäer und taten viel für die europäische Vereinigung. Gedankt wurde ihnen das nicht. Als sie ihre Aufgabe erledigt hatten, kamen Jüngere und rebellierten gegen die Macht der Alten.

Churchill in Zürich

Am 19. September 1946 hielt Winston Churchill an der Universität Zürich vor der »akademischen Jugend« Europas seine berühmte Rede: »Let Europe Arise!«. In dieser forderte er ein Jahr nach dem Ende des Zweiten Weltkriegs die Bildung der Vereinigten Staaten von Europa.

1945 feierte Churchill mit König George VI., Königin Elizabeth I. (»Queen Mum«), und den beiden Prinzessinnen, Elizabeth (links), die heute Königin ist, und ihrer Schwester Margret das Kriegsende. 1946 wurde der Ex-Premierminister von einigen Schweizer Industriellen eingeladen, sich in ihrem Land von den Strapazen des Krieges zu erholen. Churchill nahm die Einladung an; als Gegenleistung hielt er eine Rede in Zürich.

Der 19. September 1946 war für die Schulkinder in der schweizerischen Stadt Zürich ein guter Tag – die Schule fiel aus. Zürich feierte, denn hoher Besuch war angekündigt. Der ehemalige englische Premierminister Winston Churchill wollte eine »Rede an die akademische Jugend« in der Universität halten. Seit den frühen Morgenstunden schon war die Stadt voller Menschen, die alle zu Ehren dieses Gastes gekommen waren. Denn Churchills Wort hatte Gewicht.

Wer war dieser Winston Churchill? Er kam aus einer Offiziersfamilie, aber Winston fiel bei der Aufnahmeprüfung an der berühmten Militärakademie Sandhurst erst einmal durch. Seinen Vater wunderte das nicht: Er hielt seinen Sohn für einen Angeber, der anderen gern etwas vormache und dem es an Klugheit mangle. Aber er sollte sich täuschen.

Winston Churchill wurde einer der bedeutendsten Staatsmänner des 20. Jahrhunderts, dem Europa viel zu verdanken hat – vielleicht sogar, dass wir heute in demokratischer Freiheit leben können.

Blut, Tränen, Arbeit und Schweiß

1940 wurde Churchill britischer Premierminister, und für Europa war das ein großes Glück. Denn früher als andere hatte er erkannt, dass die Demokratie gegen einen Diktator wie Hitler militärisch verteidigt werden musste.

Churchill war ein kompromissloser Gegner Hitlers. Er hatte die Amerikaner davon überzeugt, an der Seite Englands und der Sowjetunion in den Krieg einzutreten. Seinen eigenen Landsleuten hatte er große Opfer abverlangt. Nichts als »Blut, Tränen, harte Arbeit und Schweiß« versprach er ihnen. Denn England war dem

»Großdeutschen Reich« militärisch kaum gewachsen. Deutschland wurde besiegt – Churchill allerdings von seinem Volk als Premierminister abgewählt. Aber für viele Menschen in Europa hatte er in den schwarzen Tagen des Krieges den Widerstand der Demokratie gegen die Diktatur verkörpert. Er wurde deshalb immer noch sehr verehrt.

EXTRA THE STARS AND STRIPES EXTRA

HITLER DEAD

Fuehrer Fell at CP, German Radio Says; Doenitz at Helm, Vows War Will Continue

Churchill Hints Peace Is at Hand

Extraausgabe der amerikanischen Soldatenzeitung »The Stars and Stripes« vom 2. Mai 1945, die Hitlers Tod verkündete.

Churchills provozierende Rede

Als Churchill am 19. September durch die Stadt zur Züricher Universität fuhr, wurde er mit Blumen und Jubel überschüttet. In der Universität saß ihm dann allerdings kaum die »akademische Jugend Europas« gegenüber, sondern die Dozenten und Würdenträger der Stadt hatten sich die besten Plätze gesichert. Die Rede, von Lautsprechern und über Radio ins In- und Ausland übertragen, zeigte, dass der Brite weiter in die Zukunft zu blicken verstand als viele andere.

Churchill sprach von der »Tragödie Europas«. Die ungeheuren Kriegsverbrechen der Deutschen unter Hitler sollten bestraft werden, aber dann müsse es einen »segensreichen Akt des Vergessens« geben. Europa müsse zu einer »(Völker-)Familie« zusammenwachsen, eine Art »Vereinigte Staaten von Europa« bilden, wenn es »vor seinem Untergang« bewahrt werden solle. Und der erste Schritt dazu wäre eine Partnerschaft zwischen Frankreich und Deutschland.

Seine Zuhörer glaubten, nicht recht gehört zu haben. Eine »Europäische Familie« gründen aus lauter Staaten, die eben noch mit Maschinengewehren und Bomben aufeinander losgegangen waren? Und ausgerechnet Frankreich und Deutschland sollten das Herzstück dieser Völkerfamilie bilden – gerade diese beiden, die sich seit Jahrzehnten als »Erzfeinde« in großen Kriegen bekämpft hatten?

Als Churchill zur Gründung einer europäischen Familie aufrief, hatten viele Menschen in Europa kein Dach über dem Kopf und wussten nicht wohin.

Der Beginn der europäischen Vereinigung

Churchills Zukunftsvorstellung schien weit von den Realitäten der zerbrochenen europäischen Welt entfernt. Die Franzosen empfanden es als Zumutung, sich mit den Deutschen zu versöhnen, und London ließ vermelden, dass Churchill nur als Privatperson geredet habe – ein vereinigtes Europa ließe sich, wenn überhaupt, vielleicht einmal in hundert Jahren verwirklichen. Aber es sollte anders kommen.

Haager Kongress
Im Mai 1948 fand ein Treffen von 719 Politikern, Gewerkschaftern, Unternehmern und Intellektuellen in der niederländischen Hauptstadt Den Haag statt, zu dem erstmals nach dem Krieg auch deutsche Vertreter eingeladen waren. Die Franzosen Robert Schuman und Jean Monnet, der Italiener Alcide de Gasperi, der Belgier Paul-Henri Spaak, der spätere Bundeskanzler Konrad Adenauer und andere diskutierten die Zukunft eines vereinigten Europas, in dem »nie wieder Krieg« stattfinden dürfe. Dabei prallten zwei Vorstellungen aufeinander: Die einen wollten Europa – nach dem Vorbild der USA – zu einem Bundesstaat mit einer europäischen Regierung und einem direkt gewählten europäischen Parlament machen. Die anderen forderten eine enge wirtschaftliche und politische Zusammenarbeit ohne Aufgabe der staatlichen Eigenständigkeit.

Jean Monnet (zweiter von rechts) hatte den Vorschlag zur »Europäischen Gemeinschaft für Kohle und Stahl« gemacht. Sein Außenminister Robert Schuman (rechts) wurde der Namensgeber des sogenannten »Schuman-Plans«.

Wirtschaftliche Zusammenarbeit

Zu dieser Zeit war noch kein Land bereit, auf seine nationale Eigenständigkeit zugunsten der Gemeinschaft zu verzichten. Deshalb wollten Jean Monnet, Robert Schuman und Konrad Adenauer einen ersten Schritt zur europäischen Einigung zumindest auf dem Feld der Wirtschaft machen. Am 18. April 1951 taten sich sechs europäische Staaten, nämlich Belgien, die Niederlande, Luxemburg, Italien und – wie von Churchill erhofft – die Bundesrepublik Deutschland und Frankreich, zur »Europäischen Gemeinschaft für Kohle und Stahl« (EGKS) zusammen.
Nun, da es so etwas wie eine europäische Kernfamilie gab, kamen im Laufe der Jahre neue Mitglieder dazu. Immer neue Zusammenschlüsse bildeten sich. Und so entstand das, was wir seit 1992 die Europäische Union, kurz EU, nennen. Ein geeintes Europa ist damit Wirklichkeit geworden.
Auch wenn nicht alles eingetreten ist, wovon Churchill und andere vor ihm geträumt hatten – Kriege haben seitdem unter den Mitgliedern dieser europäischen Familie nicht mehr stattgefunden.

Der Kanzler: Konrad Adenauer

Der erste Kanzler der Bundesrepublik, Konrad Adenauer, sah in der europäischen Vereinigung eine Chance für Deutschland, wieder zu einem von anderen anerkannten Staat zu werden. Als er 1949 Kanzler wurde, sagte er: »Ein Bundeskanzler muss zugleich ein guter Deutscher und ein guter Europäer sein.«

Nach dem Krieg gehörte Adenauer zu den wenigen Deutschen, die bei den amerikanischen Besatzern als politisch unbelastet galten. 1933 war er von den Nationalsozialisten als Kölner Oberbürgermeister abgesetzt worden, weil er sich geweigert hatte, in seiner Stadt die Hakenkreuz-Beflaggung zu erlauben. Die Amerikaner machten ihn 1945 wieder zum Oberbürgermeister. Aber Köln gehörte zur britischen Besatzungszone und die Briten jagten ihn schon wenige Monate später wieder aus dem Amt – Adenauer hatte ihre Besatzungspolitik kritisiert und über ihre Köpfe hinweg Verhandlungen mit den Franzosen aufgenommen.

Der Querkopf

Leicht hatten die Besatzungsmächte es nicht mit ihm, er war ein selbstbewusster Querkopf. Nachdem er 1949 mit einer Stimme Mehrheit – seiner eigenen – zum Bundeskanzler gewählt worden war, wollte er den Besatzungsmächten sein Kabinett vorstellen. Die Vertreter der Siegermächte standen auf einem kostbaren Perserteppich, die Deutschen sollten vor dem Teppich Aufstellung nehmen. Doch Adenauer hielt sich nicht daran, sondern trat ebenfalls auf den Teppich – ein unerhörter Verstoß gegen das Protokoll: Deutschland war ein besiegtes Land und hatte nicht »auf gleicher Augenhöhe« mit den Siegern zu sein. Der neue Kanzler begegnete solchen Situationen gern mit seinen eigenen Lebensweisheiten: »Es gibt zwei Wege für den Aufstieg: Entweder man passt sich an oder man legt sich quer …«

Demokratie lernen

Adenauer arbeitete zäh an seinem wichtigsten politischen Ziel, das von den Siegern besetzte Deutschland wieder zu einem gleichberechtigten und von anderen anerkannten Staat zu machen. Das war nicht leicht. Die Deutschen waren nach dem Krieg überall verhasst und sie selbst mussten überhaupt erst einmal lernen,

Konrad Adenauer war schon im Rentenalter, als er 1949 zum ersten Kanzler der neu gegründeten Bundesrepublik berufen wurde, nämlich 73 Jahre. »Wenn die anderen glauben, man ist am Ende, so muss man erst richtig anfangen«, sagte er. Er vertrat die Bundesrepublik selbstbewusst nach außen, nach innen regierte er das Land oft wie ein strenger Familienvater.

Plakat zur Bundestagswahl 1957

was eine Demokratie ist. Es gab nicht sehr viele, die den Kanzler politisch unterstützen konnten. Deswegen zögerte er nicht, auch auf ehemalige Nationalsozialisten zurückzugreifen. »Sie können schmutziges Wasser nicht wegschütten, wenn Sie noch kein frisches haben«, entgegnete er seinen Kritikern.
Als Kanzler wollte Adenauer die Bundesrepublik einbinden in die europäische Gemeinschaft freier Staaten. Sie sollte die Zukunft Europas mitgestalten können.
Am 26. Mai 1952, sieben Jahre nach Kriegsende, unterzeichneten die Außenminister der USA, Großbritanniens und Frankreichs den »Deutschlandvertrag«. Damit wurde die Bundesrepublik – mit gewissen Einschränkungen – zu einem gleichberechtigten Partner im westlichen Bündnis.

Wie viele Deutsche fuhr auch Konrad Adenauer im Urlaub oft nach Italien. Der Kanzler beim Boccia-Spiel war ein beliebtes Motiv der Fotografen.

Westintegration

Nicht von Anfang an wurde Adenauers Politik der Einbindung Deutschlands in die westlichen Demokratien (»Westintegration«) von allen gutgeheißen, aber die westlichen Demokratien belohnten sie damit, dass sie die Bundesrepublik – und nicht die DDR – als einzigen rechtmäßigen deutschen Staat anerkannten (»Alleinvertretungsanspruch«). Das vertiefte zwar die Kluft zwischen den beiden deutschen Staaten, aber ohnehin glaubte keiner mehr so recht daran, dass es eines Tages zu einer Wiedervereinigung kommen würde. Zu verschieden waren die Entwicklungen, die sie im Laufe der Jahre nahmen.
Die Eingliederung der Bundesrepublik in die westliche Staatengemeinschaft war Adenauers wichtigstes politisches Erbe. Mit der östlichen Hälfte Europas, mit den Polen etwa, die unter Hitler sehr gelitten hatten, vermochte er keine Aussöhnung zu erreichen.

Die umstrittene Wiederbewaffnung

Nach ihrer Gründung wurden beide deutsche Staaten Schritt für Schritt in die jeweiligen Machtblöcke integriert, die DDR in das östliche Militärbündnis des Warschauer Pakts und die Bundesrepublik in das westliche Militärbündnis der NATO (North Atlantic Treaty Organization).
Eine Zeit lang hatte Konrad Adenauer gehofft, dass die europäischen Länder sich zu einer eigenen Verteidigungsgemeinschaft zusammenschließen würden. Aber das Projekt einer Europäischen Verteidigungsgemeinschaft (EVG) scheiterte am Widerstand

Die Mitglieder der NATO während einer Tagung; das Hauptquartier befindet sich in Brüssel, mehr als 5000 Beschäftigte arbeiten für die NATO.

Frankreichs. Im April 1955 wurde die Bundesrepublik NATO-Mitglied. Ein Jahr später setzte Adenauer die in der Bevölkerung und auch in seiner eigenen Partei höchst umstrittene Wiederbewaffnung durch: Die Bundeswehr entstand.

Der »Alte von Rhöndorf«

Am 15. Oktober 1963 trat der Kanzler zurück, nicht ganz freiwillig. Seinen Nachfolger Ludwig Erhard verhöhnte Adenauer, der sich schwertat, von seinem Amt zu lassen, als »zu weich«, Erhard besitze »keinerlei Führungsqualitäten«. Dennoch wurde Ludwig Erhard zweiter Kanzler der Bundesrepublik.

Am 19. April 1967 starb Konrad Adenauer im Alter von 91 Jahren. 100 000 Menschen nahmen entlang des Rheinufers Abschied vom »Alten von Rhöndorf«. Viele Staatsoberhäupter waren gekommen, um ihm die letzte Ehre zu erweisen, der US-Präsident Lyndon B. Johnson, Frankreichs Staatschef Charles de Gaulle, Großbritanniens Premier Harold Wilson sowie David Ben Gurion, der »Gründervater Israels« – Adenauer hatte sein politisches Ziel erreicht: Die Bundesrepublik war ein von den anderen anerkannter Staat geworden.

Die Gründung der NATO
Am 4. April 1949 wurde von den USA, Kanada und zehn europäischen Staaten die NATO ins Leben gerufen. Damit war ein militärisches Bündnis geschaffen, von dem sich die Europäer Schutz gegen die Sowjetunion erhofften. Im Falle eines Angriffs auf ein Mitgliedsland sind alle, unter einem gemeinsamen Oberkommando, zum Beistand verpflichtet.

Der Warschauer Pakt Als 1955 die Bundesrepublik Deutschland in das westliche Verteidigungsbündnis der NATO eintrat, reagierte die Sowjetunion ihrerseits mit der Gründung eines eigenen Militärbündnisses. Im Mai 1955 wurde in der polnischen Stadt Warschau der sogenannte Warschauer Pakt gegründet, dem die Sowjetunion, die DDR, die damalige Tschechoslowakei, Polen, Ungarn, Bulgarien, Rumänien und Albanien angehörten.

Der General: Charles de Gaulle

Der erste Kanzler der Bundesrepublik Deutschland, Konrad Adenauer, und der französische Staatspräsident, Charles de Gaulle, wurden die Väter der deutsch-französischen Aussöhnung. Aber während Adenauer fest zur Partnerschaft mit den Amerikanern stand, strebte de Gaulle ein von den USA unabhängiges Europa an.

Der 1890 geborene Charles de Gaulle hatte schon im Ersten Weltkrieg gegen die Deutschen gekämpft und war schwer verwundet worden. Als Kriegsgefangener lernte er Deutsch, das sollte ihm später sehr nützlich sein. Im Zweiten Weltkrieg stand er wieder deutschen Soldaten gegenüber und 1940 wurde er der jüngste General der französischen Armee.

Flucht nach England

Auch in der Politik machte er Karriere. Er wurde zum Unterstaatssekretär für Nationale Verteidigung ernannt. Als die Franzosen vor den Deutschen kapitulierten, flüchtete de Gaulle nach London zu Churchill. Über den Rundfunksender BBC rief er seine Landsleute zum Kampf gegen Hitler auf.

1944, nach der Befreiung der Stadt von der deutschen Besatzung, marschierten Churchill und General de Gaulle durch die Straßen von Paris.

In Frankreich wurde er dafür in Abwesenheit zum Tode verurteilt. Aber als er 1944 nach Paris zurückkehrte, wurde er von der französischen Bevölkerung als Befreier gefeiert.

Franzose und Europäer

1958 wurde de Gaulle zum Staatsoberhaupt gewählt. Er war ein stolzer Franzose und ein überzeugter Europäer. Von dem starken Einfluss der Amerikaner auf Westeuropa hielt er nichts. Der NATO, der nordatlantischen Verteidigungsorganisation, in der die Amerikaner das Sagen hatten, wollte er nicht beitreten. Stattdessen sorgte er dafür, dass Frankreich eine eigene Atomstreitmacht (»force de frappe«) aufbaute und selbst über die Atombombe verfügte – was den Amerikanern überhaupt nicht passte.

Freundschaftsvertrag mit der Bundesrepublik

Aber de Gaulle wusste auch: Für ein eigenständiges, unabhängiges Europa brauchte er Deutschland. 1963 unterzeichnete er den »Französisch-Deutschen Freundschaftsvertrag«, der die Aussöhnung zwischen den beiden benachbarten Ländern bekräftigte und in Fragen der Außen-, Wirtschafts- und Verteidigungspolitik eine begrenzte Zusammenarbeit vereinbarte. De Gaulle strebte ein von Frankreich und Deutschland geführtes und von den USA unabhängiges Europa an.

Pariser Mai

1969 trat de Gaulle – noch vor Ablauf seiner Amtsperiode – zurück. Was war passiert? Am 3. Mai 1968 besetzten Studenten aus Protest gegen die Schließung einer Universität die Räume der Pariser Sorbonne-Universität. Die Polizei griff hart durch – »nachgeben kommt nicht infrage«, hatte de Gaulle angeordnet. Die Folge waren schwere Straßenschlachten zwischen den Demonstranten und der Polizei. In den nächsten Tagen schlossen sich erst Zehntausende, dann mehr als eine Million Franzosen den Protesten an. Die Gewerkschaften riefen zu Streiks auf, die Arbeiter besetzten Fabriken. Reformen wurden gefordert. Das Land stürzte in eine schwere politische Krise. Staatspräsident de Gaulle trat zurück. Ähnlich Adenauer wollte auch de Gaulle das Land wie ein autoritärer Vater führen, der Gehorsam verlangte. Und der wurde ihm jetzt verweigert. Im Pariser Mai begann der Aufstand der Jungen gegen die Macht der Alten.

Deutsch-Französisches Jugendwerk Die Gründung dieser Organisation 1963 sollte dazu beitragen, die »alte Rivalität« zwischen Deutschland und Frankreich zu beenden, so der Deutsch-Französische Freundschaftsvertrag.
Die Versöhnung zwischen beiden sei »ein unerlässlicher Schritt auf dem Weg zu dem vereinigten Europa«. Besonders die Jungen sollten zur »Festigung« der Freundschaft beitragen. Durch Schüler- und Studentenaustausch, durch kulturelle Begegnungen und Sportveranstaltungen hoffte man, Vorurteile abbauen zu können.
Und es funktionierte: Das Deutsch-Französische Jugendwerk hat bisher mehr als 6,5 Millionen jungen Deutschen und Franzosen Begegnungen ermöglicht.

»Der Kampf geht weiter« – ein Plakat der Studenten vom Pariser Mai 1968

Wirtschaftshilfe für Europa

Die Amerikaner wollten nicht nur militärische Stärke in Europa zeigen, sondern auch Hilfe anbieten. Nur die USA verfügten in den ersten Nachkriegsjahren über den Reichtum, um Europa dabei zu helfen, wieder auf die Beine zu kommen.

Der »Erfinder« des Marshallplans, George C. Marshall, erhielt später den Friedensnobelpreis.

Am 6. Juni 1947 schlug der amerikanische Außenminister George C. Marshall ein »Europäisches Wiederaufbauprogramm« (»European Recovery Program«) vor. 17 westeuropäische Länder erhielten amerikanische Wirtschaftshilfe. Insgesamt flossen Westeuropa bis 1952 rund 13 Milliarden Dollar zu.
Im Gegenzug mussten sich die Europäer auf einen gemeinsamen Wirtschaftsplan verständigen. Ganz uneigennützig war diese Hilfe nicht. Die Amerikaner wollten Westeuropa und besonders Deutschland als Bollwerk gegen den Kommunismus ausbauen.
Marshall bot die Hilfe auch der Sowjetunion und den osteuropäischen Ländern an. Doch die Sowjets lehnten ab und sprachen auch ein Verbot für ihre Verbündeten aus, die Hilfe anzunehmen – das sei nichts als ein Einmischungsversuch der Amerikaner. Polen und die Tschechoslowakei mussten ihre bereits gegebene Zusage wieder zurückziehen.

Care-Pakete

Die große Not in Europa machte Schlagzeilen in Amerika. 1945 schlossen sich 22 Wohlfahrtsverbände zur »Cooperative for American Remittances to Europe« (»Vereinigung für amerikanische Hilfssendungen nach Europa«) zusammen. CARE hieß die Einrichtung abgekürzt und das bedeutet auf Deutsch: Fürsorge. CARE unterhielt Büros und Lagerhallen in elf europäischen Ländern. Prominente wie der Boxweltmeister Joe Louis oder die Schauspielerin Marlene Dietrich machten Werbung für CARE. Rund 100 Millionen Pakete gelangten so nach Europa, davon allein 10 Millionen nach Deutschland.

Das deutsche »Wirtschaftswunder«

West-Deutschland profitierte mit 1,5 Milliarden Dollar vom Marshallplan. Mit seiner Hilfe und durch eigene Tatkraft kam die Wirtschaft schnell wieder auf die Beine. Die Londoner Zeitung »Times« sprach schon 1950 vom »Wirtschaftswunder« in der Bundesrepublik. Die deutsche Wirtschaft glänzte mit hohen Zuwachsraten. Die Autoindustrie steigerte ihre Produktion bis Mitte der 1950er-Jahre um fast 50 Prozent. »Made in Germany« wurde ein Markenzeichen für Qualität und verhalf den Deutschen wieder zu Ansehen in der Welt.

Der Mann mit der Zigarre

Die Weichen für das Jahrzehnt des Wirtschaftswunders hatte Ludwig Erhard, der erste Wirtschaftsminister der Bundesrepublik, gestellt. Die »soziale Marktwirtschaft« versprach »Wohlstand für alle« – jeder, der etwas leistet, sollte sich auch etwas leisten können, aber auch vor Arbeitslosigkeit oder Krankheit geschützt sein. Erhards Konzept vom »Wohlstand für alle« sollte aufgehen.
Der Konsum wurde zum Motor des wirtschaftlichen Wachstums. Nach den Hungerjahren füllten sich wieder die Teller, die sogenannte »Fresswelle« begann. Radio, Fernseher, Waschmaschine oder Kühlschrank zogen in die Haushalte ein.

»Wir sind wieder jemand«
Der wirtschaftliche Aufschwung, den das Land unter Ludwig Erhard, dem »Vater des deutschen Wirtschaftswunders«, erlebte, erleichterte die Demokratisierung.
1963 wurde Erhard Bundeskanzler.

Fernsehgeräte waren 1954 noch eine Seltenheit. Aber zur Fußballweltmeisterschaft stellten die Fachgeschäfte Fernsehapparate in die Schaufenster. Vor den Scheiben drängten sich die deutschen Fans, um keine Spielszene zu verpassen.

Die Helden von Bern

Zum ersten Mal nach dem verlorenen Krieg war die deutsche Fußballelf wieder bei einer Weltmeisterschaft dabei. Als sie am 4. Juli 1954 im Berner Wankdorfstadion zum Endspiel auflief, saßen Millionen Deutsche vor ihren Radiogeräten – ein Fernsehgerät hatten nur wenige.

Die Ungarn waren haushohe Favoriten. Und sie führten bereits nach acht Minuten mit zwei Toren Vorsprung. Aber die Deutschen glichen aus. Zur großen Erleichterung des Bundestrainers Sepp Herberger hatte es am frühen Nachmittag in Strömen zu regnen angefangen. Bei dem schweren Boden half den Deutschen eine Neuerung, die der Sportschuhfabrikant Adi Dassler den Spielern mitgegeben hatte: Schuhe mit Schraubstollen.

In den letzten Spielminuten fiel Helmut (»Boss«) Rahn, dem unberechenbaren Star aus dem Ruhrgebiet, »die Kirsche vor die Füße«, ein Aufsetzer beendete das Spiel mit einem 3:2-Sieg der Deutschen. Die Heimat jubelte über die »Helden von Bern«.

Ein Land wird europäisch

Nicht nur der Bundeskanzler trieb die europäische Einigung voran. Auch die Menschen in der Bundesrepublik öffneten sich neuen Einflüssen. Wer ein Auto hatte, ging auf Reisen zu den europäischen Nachbarn. Das Traumziel aller Deutschen war Italien.

La dolce vita oder Reisen verbindet
Pensionen am Gardasee oder an der Riviera, die mit Schildern »Deutsche Küche, deutscher Kaffee und deutsches Personal« warben, waren besonders begehrt. Das »dolce vita« der Italiener, ihre Fähigkeit, das Leben bei Chiantiwein, gutem Essen und Strandleben zu genießen, übte eine große Anziehungskraft auf die zu Disziplin erzogenen Deutschen aus. In »Bella Italia« wagten es auch deutsche Frauen, sich im Bikini an den Strand zu legen. Die »Vespa«, die 1946 in Italien »erfunden« wurde, vermittelte jungen Leuten ein neues Lebensgefühl, gute Stimmung und südliches Flair.

»Emigrazione« – die ersten Gastarbeiter
Am 22. Dezember 1955 unterzeichneten die deutsche und die italienische Regierung eine Vereinbarung »über die Anwerbung und Vermittlung von italienischen Arbeitskräften«. Mit Plakaten und Prospekten warben deutsche Firmen für das neue Leben in Deutschland. Im Emigrationszentrum in Neapel mussten sich die Arbeitswilligen von deutschen Ärzten untersuchen und Fragen stellen lassen: »Leiden Sie an Bewusstseinsstörungen? Sind Sie Bettnässer?« Wer akzeptiert wurde, erhielt eine Fahrkarte nach Deutschland.
Nicht nur in Italien, auch in Griechenland, Spanien, Portugal und in der Türkei wurden in den folgenden Jahren »Gastarbeiter« angeworben. Die meisten kamen zunächst allein und lebten in Wohnheimen oder Baracken. Deutsch sprachen sie meist nicht. Sie wollten ja nicht bleiben, sondern sich mit dem hier verdienten Geld später in ihrem Heimatland eine bessere Existenz aufbauen. 1973 wurde die Anwerbung gestoppt. Trotzdem stieg die Zahl der in Deutschland lebenden Ausländer, denn jetzt holten viele ihre Familien nach. 2005 erließ die Bundesregierung ein neues Gesetz, um die Zuwanderung künftig zu regeln.

Europas Wiedervereinigung

1989 brach die Nachkriegsordnung in einer gewaltlosen, »samtenen Revolution« zusammen. Im Juni öffneten die Ungarn ihre Grenzen. Im November rissen die Ostberliner die Mauer nieder. Die Weltmacht Sowjetunion wankte und brach schließlich auseinander. Die Osteuropäer befreiten sich aus dem sowjetischen Machtzugriff und fingen an, ihre Staaten zu Demokratien umzubauen. Die Teilung Europas in zwei Blöcke und der Kalte Krieg zwischen den beiden Supermächten USA und Sowjetunion gingen zu Ende. Aber angefangen hatte alles viel früher.

Tauwetter

Im März 1953 starb der gefürchtete sowjetische Diktator Josef Stalin. Nach seinem Tod schien eine neue Zeit in der Sowjetunion anzubrechen. Man sprach von »Tauwetter« – das Eis der Schreckensherrschaft schmolz. Politisch Verfolgte wurden aus den Arbeitslagern entlassen, die gefürchtete Geheimpolizei stärker kontrolliert und Stalins Name aus der Öffentlichkeit verbannt.

Beim Ungarn-Aufstand wurden die Symbole der verhassten Sowjetunion zertrümmert, hier der Sowjetstern.

In einer Geheimrede auf einem Parteitag im Februar 1956 rechnete Stalins Nachfolger Nikita Chruschtschow mit dem Diktator ab, der den Tod von Millionen Menschen auf dem Gewissen hatte. Die Rede durfte nicht veröffentlicht werden, aber ihr Inhalt sickerte durch, zu viele hatten zugehört. In den osteuropäischen Staaten wuchs die Hoffnung auf mehr Demokratie und Unabhängigkeit von der Sowjetunion.

1956: Volksaufstand in Ungarn

Im Oktober 1956 brach ein Aufstand los, der die ganze Nation erfasste: Hausfrauen und Soldaten, Arbeiter, Angestellte und Künstler gingen auf die Straße, selbst die Armee und die Polizei beteiligten sich. Die Ungarn wollten sich von der Unterdrückung durch die Sowjets befreien. Das Stalin-Denkmal in der Hauptstadt Budapest wurde gestürzt. Ministerpräsident Imre Nagy versprach radikale Reformen – Presse- und Redefreiheit, ein Mehrparteiensystem, nationale Unabhängigkeit und den Austritt aus dem Militärbündnis Warschauer Pakt. Die Menschen hatten die Furcht verloren und für wenige Tage sah es so aus, als ließe sich der Traum von der Freiheit verwirklichen.

Aber die Ungarn hatten sich getäuscht: Am 4. November walzten russische Panzer den Aufstand nieder. Der militärischen Übermacht waren die Aufständischen nicht gewachsen. Imre Nagy wurde gehängt. Viele wurden hingerichtet, verhaftet oder verbannt. Mehr als 200 000 Menschen flüchteten aus dem Land.

Die Tschechoslowaken waren verzweifelt über die Niederschlagung des »Prager Frühlings«. Sie versuchten alles, um die Soldaten des Warschauer Paktes zur Umkehr zu bewegen.

Selbstverbrennung Aus Protest gegen den Einmarsch von Truppen des Warschauer Paktes verbrannte sich im Januar 1969 der Philosophiestudent Jan Palach öffentlich auf dem Wenzelsplatz in Prag. Das Bild ging um die Welt. Seine Beerdigung wurde zu einem landesweiten stillen Protest gegen die neuen kommunistischen Machthaber.

1968: Prager Frühling

Zwölf Jahre später: In der Tschechoslowakei kam der Reformer Alexander Dubček an die Macht und versprach einen »Sozialismus mit menschlichem Antlitz«. Der »Prager Frühling« brach aus: Man durfte seine Meinung öffentlich äußern, westliche Zeitungen wurden zugelassen und die Bürger erhielten Reisefreiheit, sogar in den Westen durften sie fahren.

Die Tschechen jubelten – zu früh. Am 20. August 1968 landeten auf den tschechoslowakischen Flughäfen bewaffnete sowjetische Kommandos, gegen Mitternacht rollten russische, polnische, bulgarische, ungarische und ostdeutsche Panzer in Prag ein, die Armeen des Warschauer Paktes besetzten auf Anweisung der Sowjetunion das Land. Fahnen schwenkend und diskutierend versuchten die Tschechen, die Soldaten zum Abzug zu bewegen. Vergeblich.

Hilfe von außen kam nicht, obwohl die Amerikaner über den Einmarsch in Prag informiert waren. Aber die Tschechoslowakei gehörte zum Machtbereich der Sowjets und da wollte sich der Westen nicht einmischen. Die Reformen wurden rückgängig gemacht und Alexander Dubček wurde unter Hausarrest gestellt.

Charta 77
1976 erhob sich erneut Protest in der Tschechoslowakei gegen das kommunistische Regime. Bei einem Konzert im Februar wurden die politisch aufmüpfigen Musiker der Rockband »Plastic People« verhaftet, die bei den Jugendlichen »Kult« war. Eine Gruppe von Künstlern und Intellektuellen, Arbeitern und Priestern, die sich wenig später »Charta 77« nannte, rief zur Unterschriftensammlung gegen die Verhaftung auf.
Der Staat schlug zurück – auch Mitglieder der »Charta« wurden nun verhaftet. Trotz Verfolgung war die »Charta« nicht mehr mundtot zu machen. Immer wieder wies sie auf Menschenrechtsverletzungen in der Tschechoslowakei hin.

Der Schriftsteller und Dramatiker Václav Havel, dessen Theaterstücke schon überall auf der Welt aufgeführt wurden, als das kommunistische Regime ihn verfolgte. Im Hintergrund seine Frau Olga, über viele Jahre die Weggefährtin ihres Mannes. 1996 starb sie.

Die »samtene Revolution«
1989 streikten die Studenten. Binnen weniger Tage weiteten sich die Demonstrationen zu Massenprotesten aus. Täglich versammelten sich Tausende auf dem Wenzelsplatz, holten ihre Schlüsselbunde aus der Tasche und »läuteten« mit ihnen symbolisch das Ende des kommunistischen Regimes ein.
Unter den Demonstrierenden trat nach langer Zeit auch Alexander Dubček, der entmachtete Reformer von 1968, wieder öffentlich in Erscheinung. Aber die Tschechoslowaken hatten inzwischen einen neuen Helden: Václav Havel, der verfolgte Dramatiker und Sprecher der oppositionellen Gruppe »Charta 77«.

Der Held der Revolution
Václav Havel kam aus einer bekannten Prager Unternehmerfamilie. Seiner »bürgerlichen« Herkunft wegen durfte er kein Abitur machen, das er aber später am Abendgymnasium nachholte. Er wollte Dramaturgie studieren, denn zu dieser Zeit schrieb er schon seine ersten Theaterstücke, die Jahre später auf vielen Bühnen in aller Welt aufgeführt wurden.
Seit er den Reformprozess im »Prager Frühling« unterstützt hatte, wurde er von der Staatssicherheit beschattet, sein Telefon abgehört und er wurde mehrfach verhaftet. Schließlich erhielt er Berufs-

Wenzelsplatz in Prag, 1989

verbot für jede künstlerische Tätigkeit. Er musste seinen Lebensunterhalt als Arbeiter in einer Bierbrauerei verdienen. Seine Bücher und Theaterstücke wurden außer Landes geschmuggelt und erschienen auch in Deutschland. Er setzte sich für die Freilassung politischer Häftlinge ein und schrieb 1975 einen »offenen Brief« an den kommunistischen Staatspräsidenten, in dem er die Verhältnisse im Land kritisierte. Immer wieder mischte Havel sich trotz zahlreicher Gefängnisaufenthalte in die Politik ein. Für die Tschechoslowaken war er ein Hoffnungsträger, einer, der das Versprechen auf Freiheit verkörperte. 1989 war Havel der Sprecher des oppositionellen Bürgerforums.

Im Dezember 1989 stürzten die Rumänen den Diktator Nicolae Ceauşescu. Er und seine Frau Elena wurden standrechtlich erschossen. Das kommunistische Regime in Rumänien nahm ein blutiges Ende. Von der Hinrichtung wurde ein Video gedreht und der Weltöffentlichkeit gezeigt.

»Havel auf die Burg!«

»Havel na Hrad!«, skandierten die Menschen in den Straßen Prags. Am Ende des Jahres 1989 trat die kommunistische Regierung zurück. Bei den ersten freien Wahlen wurde Václav Havel am 29. Dezember 1989 zum Staatspräsidenten gewählt und konnte in die »Burg«, den Amtssitz der tschechischen Regierung, einziehen.

1980: Streik in Polen

Im August 1980 wurde auf der Danziger Leninwerft die Kranführerin Anna Walentynowicz entlassen. Sie hatte sich für die Rechte der Arbeiter eingesetzt, bessere Arbeitsbedingungen, freie Gewerkschaften und gleiche Bezahlung für Frauen und Männer gefordert.

Ihre Kollegen traten in den Streik und forderten die Wiedereinstellung der Werftarbeiterin. Als Sprecher der Streikenden trat der Elektriker Lech Wałęsa auf, der gerade erst aus dem Gefängnis freigekommen war.

Lech Wałęsa war der unangefochtene Wortführer der Gewerkschaftsbewegung »Solidarność«. 1990 wurde er zum polnischen Staatspräsidenten gewählt.

Die Staatsmacht dachte gar nicht daran, den Forderungen der Streikenden nachzugeben. Die Werft wurde abgeriegelt, niemand kam mehr hinein oder hinaus. Da sprang die katholische Kirche, die großen Einfluss in Polen hat, den Arbeitern zur Seite und hielt öffentliche Gottesdienste vor den Werkstoren ab, zu denen Tausende kamen. Die Regierung fürchtete einen Aufstand im ganzen Land. Nach zähen Verhandlungen erreichten die Streikenden – zum ersten Mal im Ostblock – die Zulassung der unabhängigen Gewerkschaft »Solidarność« (»Solidarität«).

Als 1981 erneut Streiks ausbrachen, verhängte der polnische Staatschef General Jaruzelski das Kriegsrecht. Viele »Solidarność«-Anhänger wurden verhaftet und verurteilt, die Gewerkschaft wurde verboten. Anna Walentynowicz kam ins Gefängnis. Lech Wałęsa hingegen war international inzwischen zu bekannt – ihn zu verhaften, traute man sich nicht. Er empfing zu Hause Würdenträger der Kirche und Regierungschefs westlicher Länder. 1983, als Anna Walentynowicz aus dem Gefängnis entlassen wurde, erhielt er den Friedensnobelpreis.

Der Elektriker wird Staatspräsident

Lech Wałęsa war der »Eisbrecher«, der Vorreiter bei der Befreiung Osteuropas von den kommunistischen Regimes. Der polnischen Staatsmacht war er 1970 zum ersten Mal unliebsam aufgefallen. Auch damals wurde auf der Danziger Werft gestreikt. 80 Arbeiter verloren bei den Auseinandersetzungen ihr Leben, Wałęsa wurde verhaftet. Sechs Jahre später setzte er sich dafür ein, ein Denkmal

für die getöteten Arbeiter zu errichten. Sein Name kam auf eine schwarze Liste, er fand keine Arbeit mehr und musste von der finanziellen Unterstützung seiner Freunde leben. Nach Ausrufung des Kriegsrechts wurde er 1982 für elf Monate im südöstlichen Polen, nahe der Grenze zur Sowjetunion, inhaftiert. Das amerikanische Magazin »Time« kürte ihn zum »Mann des Jahres« und machte ihn damit international noch bekannter.
1988 brachen auf der Leninwerft erneut Streiks aus und Wałęsa war wieder zur Stelle. Er drängte »Solidarność«, die inzwischen mit über zehn Millionen Mitgliedern eine gesellschaftliche Macht geworden war, einen »Runden Tisch« mit der Regierung zu erzwingen, an dem ab Februar 1989 Gespräche stattfanden.
Die kommunistische Regierung musste nachgeben: Es wurden schließlich Vereinbarungen getroffen, die zu den ersten freien Wahlen in Polen führten, bei denen Lech Wałęsa zum Staatspräsidenten gewählt wurde.

Bei der Wende 1989 waren sie die Gegenspieler: der ehemalige polnische Staatspräsident Jaruzelski, der das Kriegsrecht ausrief, um den wachsenden Einfluss der Gewerkschaft Solidarność« zu brechen, und Lech Wałęsa.

Entspannung zwischen Ost und West

Mit Beginn der 1970er-Jahre fand eine Zeit der Entspannung zwischen »Ost« und »West« statt. Das Wettrüsten und der Machtkampf zwischen den beiden Supermächten USA und der Sowjetunion und ihren Verbündeten kamen auf Dauer alle teuer zu stehen. Und die Kritik an den beiden Weltmächten nahm zu.

Der damalige amerikanische Präsident Gerald Ford (dritter von links) unterschreibt die Schlussakte von Helsinki.

1967 riefen die Mitgliedsstaaten des Warschauer Paktes alle Länder aus Ost- und Westeuropa zu einer europäischen Sicherheitskonferenz auf. Europa müsse enger zusammenarbeiten und eine eigenständigere Rolle gegenüber den beiden Weltmächten einnehmen. Anfänglich zögerten die westeuropäischen Staaten, die schließlich der NATO, also dem gegnerischen Militärbündnis, angehörten, der Einladung des Warschauer Paktes zu folgen. Aber sechs Jahre später, am 3. Juli 1973, fand die »Konferenz für Sicherheit und Zusammenarbeit in Europa«, kurz KSZE, dann doch statt. Es war das erste gemeinsame Treffen zwischen den west- und den osteuropäischen Staaten seit dem Ende des Zweiten Weltkriegs.

Aus KSZE wird OSZE Nach der Wende von 1989 wurde aus der KSZE die OSZE, die »Organisation für Sicherheit und Zusammenarbeit in Europa«. Sie kümmert sich auch heute noch darum, wenn irgendwo die Menschenrechte nicht respektiert oder die Grundfreiheiten nicht gewährt werden. Dann macht sie das öffentlich oder versucht auf diplomatischem Weg, durch Gespräche mit der Regierung, eine Änderung herbeizuführen.

Die Schlussakte von Helsinki

Am 1. August 1975 verabschiedeten alle teilnehmenden Staaten die »Schlussakte von Helsinki«: Künftig wollte man die Menschenrechte und Grundfreiheiten respektieren, zusammenarbeiten und Konflikte friedlich beilegen.
Auch wenn es sich lediglich um eine Absichtserklärung handelte, so war damit doch viel erreicht: In den osteuropäischen Ländern konnten sich Bürgerrechtler, die mit den Verhältnissen in ihrem Land nicht einverstanden waren, darauf berufen.
Die Konferenz trug entscheidend zum Zusammenbruch des Ostblocks bei.

Brandt und der Machtwechsel

Auch in den beiden deutschen Staaten veränderte sich in diesen Jahren einiges: 1969 wurde Willy Brandt Kanzler, zum ersten Mal in der Geschichte der Bundesrepublik stellte die SPD den Regierungschef. Besonders die Jungen hatten ihn gewählt, die unzufrieden waren mit der politisch konservativen Bundesrepublik.

Die zornige Generation

1966 hatten Studenten, Künstler und Intellektuelle die »Außerparlamentarische Opposition« (APO) gegründet – gegen »das Bündnis der Erstarrung, das uns regiert«, so der Soziologe Ralf Dahrendorf. Die Jungen stellten alles infrage, was »anständigen Deutschen« heilig war. Sie trugen Jeans oder Minirock, sie lebten in Wohngemeinschaften, in denen »außereheliche Beziehungen«

Der politische Protest richtete sich auch gegen die Amerikaner. Die USA galten als Großmacht, die andere Länder zum eigenen Nutzen ausbeutete. Der Studentenführer Rudi Dutschke (im gestreiften Pullover) wurde wenig später Opfer eines Attentats, an dessen Spätfolgen er starb.

geschlossen wurden, und gründeten »Kinderläden«, in denen Kinder »antiautoritär« erzogen wurden. Sie experimentierten mit Drogen und lehnten die alten Rollenmuster von Mann und Frau ab. Die Nachkriegsgeneration provozierte mit solchen Vorstellungen ihre an Wiederaufbau und Wohlstand interessierten Eltern. Die rebellierenden Jungen suchten nach neuen Vorbildern und anderen politischen Orientierungen. Manche von ihnen glaubten, diese in den sozialistischen Staaten Osteuropas finden zu können.

Der Minirock Die Eltern waren empört, der Vatikan kämpfte gegen das »unzüchtige« Fähnchen, selbst die Polizei schritt ein. Als der Minirock 1963 in der Zeitschrift »Vogue« abgebildet und damit international bekannt wurde, hatte die aufbegehrende Frauengeneration ihr Kleidungsstück entdeckt.

Ostpolitik oder Wandel durch Annäherung

Das politische Vermächtnis Adenauers war die erfolgreiche »Westintegration«, Brandt dagegen strebte die Aussöhnung mit dem Osten Europas an. Für die Polen und Russen waren die Deutschen immer noch die Erben der Hitler-Diktatur, die Kriegsgegner von einst. Und auch zum anderen deutschen Staat war das Verhältnis frostig. Die Bundesrepublik hatte die DDR nie als Staat anerkannt. Mit »den Kommunisten« wollten die meisten Bundesrepublikaner nichts zu tun haben.

Brandt hatte sich vorgenommen, normale Beziehungen zur DDR herzustellen und auch das Verhältnis zu den Ostblock-Staaten zu entspannen. Er wollte »Wandel durch Annäherung« und suchte das Gespräch. 1970 traf sich der Kanzler in der ostdeutschen Stadt Erfurt mit dem DDR-Ministerpräsidenten Willi Stoph und machte so den ersten Schritt zu einer Normalisierung der Beziehungen. Nach zwei Jahren verabschiedeten die Bundesrepublik und die

DDR-Fahne

Willy oder Willi? Brandt, der früher Regierender Bürgermeister von Berlin gewesen war, erhoffte sich von der Normalisierung der Beziehungen zur DDR auch Erleichterungen für die durch die Mauer eingeschlossenen Menschen. Und die wussten das zu schätzen. Als er sich in Erfurt am Fenster seines Hotels zeigte, jubelte die Menge unten auf dem Platz vor dem Hotel »Willy, Willy!«. Die Stasi, die die Menschenmenge vor dem Hotel zurückdrängte, ärgerte das, aber ob die DDR-Bürger nun Brandt oder Stoph meinten, die beide so hießen, war nicht festzustellen.

DDR einen »Grundlagenvertrag«, der die Gleichberechtigung beider anerkannte. Keiner der beiden Staaten, hieß es in dem Dokument, könne den anderen international vertreten oder in seinem Namen handeln. Damit verzichtete die Bundesrepublik auf den »Alleinvertretungsanspruch« deutscher Interessen, den sie bisher bei ihren internationalen Kontakten geltend gemacht hatte. Aber so richtig verbindlich wollte sie die DDR nicht anerkennen. In beiden deutschen Staaten wurden deshalb keine Botschaften, sondern lediglich »Ständige Vertretungen« eingerichtet.

Aussöhnung mit Polen

Zwischen der Bundesrepublik und Polen herrschte Eiszeit. Die Polen konnten die deutschen Kriegsverbrechen nicht vergessen und misstrauten auch der Bundesrepublik, die die polnische Westgrenze (Oder-Neiße-Linie) bisher nicht anerkannt hatte. Sicher fühlten sie sich immer noch nicht vor den Deutschen. In dieser Situation reiste Brandt 1970 nach Warschau. Es wurde ein Besuch, der in die Geschichte eingehen sollte.

Die Bundesregierung erkannte mit dem Warschauer Vertrag offiziell die Grenzen zu Polen an, die von den »Großen Drei« – Stalin, Churchill, Roosevelt – als Teil der europäischen Nachkriegsordnung bestimmt worden waren.
Für die Polen war das ein lange überfälliger Schritt. 25 Jahre nach Kriegsende war ihre Westgrenze damit vertraglich endlich auch von den Deutschen anerkannt.

Der Kniefall Am 7. Dezember 1970 stand der Kanzler vor dem Mahnmal in Warschau, das an den Aufstand im jüdischen Getto erinnerte, mit dem sich die Juden 1943 gegen die Vernichtung durch die Deutschen gewehrt hatten. Es war der erste Besuch eines deutschen Regierungschefs in Polen seit dem Zweiten Weltkrieg und viele internationale Journalisten waren dabei. Brandt legte einen Kranz nieder, zupfte noch an der Schleife, dann war plötzlich nichts mehr von ihm zu sehen. War er gestürzt? Oder einem Attentat zum Opfer gefallen? Die Fotografen drängelten nach vorn und dann sahen sie, dass Brandt auf dem kalten, nassen Boden vor dem Mahnmal kniete. Es war eine spontane Geste der Betroffenheit, mit der er stellvertretend für sein Land um Vergebung bat für die Verbrechen der Deutschen im Zweiten Weltkrieg.

Streit um die Ostverträge

Für die Deutschen, die aus den ehemaligen deutschen Ostgebieten vertrieben worden waren, zerstörte diese Anerkennung der Grenze den Traum von der Rückkehr in die frühere Heimat.
Sie liefen Sturm gegen das Abkommen. Pommern, Schlesien und Ostpreußen waren zwar schon seit Kriegsende »verloren«, aber das hatte die Bundesrepublik offiziell nie akzeptiert. Brandt erhielt Morddrohungen und wurde als »Verzichtspolitiker« beschimpft: Durch seine Ostpolitik habe er die Teilung Deutschlands endgültig akzeptiert und mit der Anerkennung der Westgrenze Polens einen »Ausverkauf deutscher Interessen« betrieben. Die Opposition brachte im Bundestag einen Misstrauensantrag gegen ihn ein, sie wollte den Kanzler stürzen. Aber der Versuch scheiterte und die von der Regierung Brandt geschlossenen Verträge wurden schließlich verabschiedet.
1971 erhielt Brandt »für seine Verständigung mit den Staaten Osteuropas« den Friedensnobelpreis.

Der Weg in die Freiheit

In der Sowjetunion kam 1985 ein Mann an die Macht, der im Westen als Reformer umjubelt, von seinen eigenen Landsleuten aber schließlich gestürzt wurde: Michail Gorbatschow. Er krempelte das Sowjetreich völlig um: Kritik sollte fortan zugelassen sein (»Glasnost«), die Menschen sollten zu mehr Eigenverantwortung ermutigt werden und die Betriebe eine größere Selbstständigkeit erhalten (»Perestroika«).
»Wir brauchen die Demokratie wie die Luft zum Atmen«, sagte dieser erstaunliche Politiker, der besonders für die Deutschen zum Glücksfall wurde.

Der »Bruderkuss«, wie er zwischen den Staatschefs der »sozialistischen Bruderstaaten« bei der Begrüßung üblich war. Hier küsste Gorbatschow den Regierungschef der DDR, Erich Honecker, bei seinem Besuch in Ostberlin im Oktober 1989. Da hatten die Ungarn mit der Öffnung ihrer Grenze schon neue Verhältnisse im sozialistischen Ostblock geschaffen.

Im Oktober 1989 kam Gorbatschow nach Ostberlin. Die DDR feierte ihren vierzigjährigen Geburtstag. Die DDR-Führung sprach von der »tiefen Verbundenheit von Volk und Staat«. Dabei steckte sie längst in einer tiefen Krise. Die Ungarn hatten einige Monate zuvor die Grenze zu Österreich geöffnet. Dadurch setzte eine Massenflucht aus der DDR ein. Die Menschen wollten Mangelwirtschaft, Reisebeschränkungen und politische Bevormundung nicht länger erdulden. Sie stiegen in ihre »Trabis« und versuchten, über Ungarn in den Westen zu kommen. Für DDR-Bürger war das verboten, sie konnten die Grenze nur heimlich überqueren. Wer dabei erwischt wurde, musste damit rechnen, der Staatssicherheit übergeben zu werden.
Dennoch versuchten Tausende in den Westen zu kommen. Viele suchten Zuflucht in den westdeutschen Botschaften in Prag, Budapest und Warschau. Allein in der deutschen Botschaft in Prag

hielten sich mehrere Tausend DDR-Flüchtlinge auf. Zu Kompromissen waren sie nicht mehr bereit: Jeder Versuch der DDR-Regierung, sie wieder nach Hause zu beordern, scheiterte. Nach zähen Verhandlungen der Bundesregierung durften sie schließlich in die Bundesrepublik ausreisen.

Der Anfang vom Ende der DDR

In allen großen Städten der DDR demonstrierten die Menschen in diesen Wochen für ihre Freiheit, ermutigt von den neuen Tönen aus Moskau, von dem »Runden Tisch« in Polen und der Öffnung Ungarns. Jeden Montag gingen allein in Leipzig, unterstützt von der Kirche, Zehntausende auf die Straße.

Zehntausende protestierten im November 1989 auf dem Alexanderplatz in Ostberlin.
Wenige Wochen vorher waren viele DDR-Bürger nach Prag gereist und in die Botschaft der Bundesrepublik geflüchtet, wo sie auf die Möglichkeit zur Ausreise in den Westen hofften. Die Botschaft wurde von der tschechoslowakischen Polizei bewacht. Aber sie konnte den Ansturm der DDR-Bürger nicht aufhalten.

Auf Hilfe aus Moskau durfte die DDR-Regierung jetzt nicht mehr hoffen. Anders als seine Vorgänger war Gorbatschow nicht bereit, diese Veränderungen in den Ländern des Ostblocks mit Gewalt zu unterdrücken. Er setzte auf Reformen und auf eine stärkere Zusammenarbeit mit dem Westen. Weil der Regierungschef der DDR, Erich Honecker, sich starr gegen Reformen sperrte, kanzelte Gorbatschow ihn mit dem berühmt gewordenen Satz ab: »Wer zu spät kommt, den bestraft das Leben.«

Der Mauerfall

Honecker wurde gestürzt. Der neue Regierungschef Egon Krenz versprach Reformen. Aber zu spät – die Menschen glaubten keinen Versprechungen mehr. Die »Wende« war nicht mehr aufzuhalten. Am Abend des 9. November fiel die Mauer. Tausende stürmten die Grenzübergänge. »Jetzt wächst zusammen, was

Am 9. November 1989 wurden die Übergänge an der Grenze geöffnet, in Berlin stürmten Tausende die Mauer (Bild rechts). Silvester feierten Ost und West gemeinsam am Brandenburger Tor.

zusammengehört!«, sagte Willy Brandt auf einer Kundgebung vor dem Schöneberger Rathaus in Berlin. Er hoffte auf die Wiedervereinigung der beiden deutschen Staaten, aber ihr stand viel im Wege.

Schwierigkeiten der Wiedervereinigung

Die Bundesrepublik war kein »souveräner« Staat. Offiziell stand sie immer noch unter Aufsicht der Siegermächte des Zweiten Weltkriegs, auch wenn diese von ihrem Recht kaum noch Gebrauch machten. Außerdem gehörten beide deutsche Staaten unterschiedlichen Militärbündnissen an: Die Bundesrepublik war Mitglied der NATO, die DDR im Warschauer Pakt. Ohne die Zustimmung der Amerikaner, Franzosen, Briten und Russen war an eine Wiedervereinigung nicht zu denken. Niemand war auf die neue politische Situation, die die Menschen in der DDR und in den osteuropäischen Staaten erkämpft hatten, wirklich vorbereitet.

Uneinigkeit der Westmächte

Die europäischen Nachbarn hatten Bedenken gegen die deutsche Wiedervereinigung. Die Franzosen fürchteten den neuen »industriellen Koloss«, der damit in Europa entstünde; die britische Premierministerin Maggie Thatcher hielt ein wiedervereinigtes Deutschland für »viel zu groß und zu mächtig«. Der amerikanische Präsident George Bush hingegen begrüßte die neue Entwicklung, aber die Vereinigung müsse sich innerhalb der NATO und der europäischen Gemeinschaft vollziehen und die Rechte und Verant-

Die Balten erklärten ihre Unabhängigkeit Anders als Polen, Ungarn oder die Tschechoslowakei hatte Stalin die drei baltischen Republiken Litauen, Lettland und Estland im Zuge des Zweiten Weltkriegs der Sowjetunion einverleibt. Sie waren sogenannte Sowjetrepubliken und wurden von Moskau aus regiert. Russische Panzer fuhren auf, als die baltischen Staaten ihre Unabhängigkeit erklärten. Aber das Rad der Geschichte war nicht mehr zurückzudrehen. 1991 wurden alle drei als unabhängig anerkannt und bald darauf in die UNO aufgenommen. 2004 traten sie der Europäischen Union bei. Gorbatschow kostete diese Entwicklung das Amt: Konservative Politiker putschten und 1991 wurde er entmachtet.

Die Kränkung Der deutsche Kanzler Helmut Kohl stand anfangs bei Gorbatschow nicht hoch im Kurs. In einem Interview mit dem amerikanischen Magazin »Newsweek« hatte Kohl ihn 1986 mit Hitlers Propagandaminister verglichen. Gorbatschow wollte eine Entschuldigung, Kohl leugnete, je so etwas gesagt zu haben. Das wiederum konnte »Newsweek« nicht auf sich sitzen lassen und veröffentlichte den Tonbandmitschnitt. Im Sommer 1989 hatten die beiden eine Aussprache. Danach stimmte die »Chemie«.

wortlichkeiten der vier Siegermächte berücksichtigen. Nun hing vieles von Gorbatschow ab, der alle mit dem Zugeständnis überraschte, für die Deutschen solle Selbstbestimmung gelten. Dafür allerdings erwartete er Wirtschaftshilfe, denn die Sowjetunion stand vor dem Bankrott. An den Rändern des Reiches, wie zum Beispiel im Baltikum, drohte der Verlust ganzer Teilrepubliken. Beim sogenannten »Strickjacken-Treffen« im Juli 1990 wurden – Gorbatschow im Pullover, der deutsche Bundeskanzler Helmut Kohl in der Strickjacke – im Kaukasus die letzten Fragen besprochen, die der deutschen Einheit noch im Wege standen: der Abzug der sowjetischen Truppen aus der DDR und der finanzielle Beitrag, den die Bundesrepublik dafür zu entrichten hatte.

Die Vereinigung

Gorbatschow war bereit, für seine Reformen die von Stalin über Osteuropa und die DDR erkämpfte Machtposition preiszugeben. Am 12. September 1990 beschlossen die Außenminister der vier Siegermächte, der Bundesrepublik und der DDR nach ihren »Zwei-plus-Vier-Gesprächen« ein Vertragswerk, das einen Schlussstrich unter 45 Jahre Nachkriegsgeschichte zog. Die Viermächte-Verantwortung für Berlin und für Deutschland als Ganzes erlosch. Am 3. Oktober 1990 wurden beide deutsche Staaten wiedervereinigt. Im Mai 2004 traten acht osteuropäische Staaten der Europäischen Union bei. Damit war die Teilung Deutschlands und Europas beendet.

Schild der Leipziger Montagsdemonstrationen, 1989

Die Europäische Union

Die Europäische Union ist ein Zusammenschluss von derzeit 27 Staaten in Europa, die sich vorgenommen haben, in vielen Bereichen – Wirtschaft, Politik, Umwelt, Sicherheit – möglichst eng zusammenzuarbeiten. Tatsächlich wird heute der allergrößte Teil unseres Alltags von der EU bestimmt, obwohl alle EU-Länder auch weiterhin eine eigene Regierung haben. Wie das zusammenpasst, wo heute welche Entscheidungen getroffen werden und wozu wir die EU wirklich brauchen – das sind Fragen, bei deren Beantwortung selbst Fachleute zuweilen ins Stocken geraten. Wer einigermaßen den Überblick behalten möchte, darf aber nicht aufhören, solche Fragen zu stellen. Wie also funktioniert dieses neue Europa?

Markteuropa

Dass wir uns heute nahezu ungehindert in fast ganz Europa bewegen können, haben wir dem sogenannten europäischen Einigungsprozess zu verdanken. In dessen Verlauf wurden immer mehr Grenzkontrollen abgeschafft. Nicht nur für Menschen, auch für Waren, sodass inzwischen in Europa im Prinzip praktisch alles überall zu haben ist – ob in Finnland, in Ungarn oder auf Zypern. Vor noch gar nicht so langer Zeit konnten sehr viele Menschen von einem solchen Zustand nur träumen.

Studenten verbrennen 1953 auf einer Brücke zwischen Italien und Frankreich die Grenzpfähle. »La Jeunesse veut Europe«: Die Jugend will ein vereintes Europa.

Zum Beispiel die Menschen in Kroatien: Kroatien liegt im Südosten Europas – an der Adria, gegenüber von Italien – und war bis 1990 ein Teil der sozialistischen Republik Jugoslawien. Das Land hatte sich aus dem Konflikt zwischen dem kommunistischen Ostblock und den nicht kommunistischen westlichen Staaten weitgehend herausgehalten. Und obwohl sich die jugoslawischen Bürger freier bewegen konnten als ihre Nachbarn, etwa in Rumänien oder Bulgarien, stellten sich viele Menschen in Kroatien das Leben im Westen geradezu paradiesisch vor. Seit 1991 ist Kroatien nunmehr ein eigenständiger Staat und möchte so schnell wie möglich ebenfalls Mitglied der Europäischen Union werden. Für manche Menschen wird sich damit eine alte Europa-Sehnsucht erfüllen.

Der Duft von Europa

»Das kleine Silberpapier duftet immer noch nach Schokolade, wenn ich das Buch öffne. Damals, als ich es auswickelte, habe ich mit meinem Fingernagel so lange über die Folie gestrichen, bis sie vollkommen glatt war. Dann presste ich das Papier zwischen die Buchseiten, um es für immer in dieser Vollkommenheit zu bewahren. Die Schokolade habe ich vor sehr langer Zeit gegessen. Innen drin war eine Nuss. Es knackte und ich schmeckte die Nuss und die Schokolade zerschmolz in meinem Mund, ein Geschmack, den ich nie zuvor gekostet hatte. Das Täfelchen Schokolade hatten wir aus dem Ausland geschickt bekommen. Nie zuvor hatte ich Süßigkeiten in so zartem Papier eingewickelt gesehen, blau und silbern,

mit Sternen bemalt. Es gab also irgendwo eine Welt, wo kleine Schokoladenstückchen himmlisch schmeckten und vornehm umhüllt waren.«
So erzählt die kroatische Schriftstellerin Slavenka Drakulić von ihrer ersten Begegnung mit einer ihr bis dahin unbekannten Welt. Damals, es war im Jahr 1954, ist sie gerade einmal fünf Jahre alt gewesen und obwohl seither viel Zeit vergangen ist, hat sie ihr Schokoladenerlebnis immer in Erinnerung behalten. Die so schön verpackte und köstlich schmeckende Süßigkeit hatte Sehnsüchte geweckt. Das bis heute wie ein Schatz gehütete Silberpapier war der handfeste Beweis dafür, dass es Gegenden gab, gar nicht weit entfernt, wo es den Leuten offenbar besser erging als den Menschen in Kroatien. Und diese »andere Welt«, von der die Köstlichkeit Zeugnis ablegte, hatte für die kleine Slavenka auch einen Namen: »Europa« – genauer gesagt, der westliche Teil Europas, von dem sich viele Menschen in den damals sozialistisch regierten Ländern abgeschnitten fühlten.

Altiero Spinelli 1907 in Rom geboren, wurde Spinelli als junger Mann Mitglied der Kommunistischen Partei Italiens. 1927 wurde er verhaftet und saß mehr als zehn Jahre im Gefängnis, bevor er sich Anfang der 1940er-Jahre dem antifaschistischen Widerstand anschloss. Daneben begründete er mit anderen schon 1943 die »Movimento Federalista Europeo« (»Bewegung für ein föderalistisches Europa«) und gehörte damit zu den frühen Vertretern des Europagedankens. Von 1970 bis 1976 war er Europäischer Kommissar für Industriepolitik und gehörte danach bis 1986 dem Europäischen Parlament an. Mit zahlreichen Reformvorschlägen erwies er sich immer wieder als Vordenker für die Gestaltung des Einigungsprozesses. Altiero Spinelli starb 1986 in seiner Heimatstadt Rom.

Europa als Marktplatz

Heute lebt Slavenka Drakulić in der schwedischen Hauptstadt Stockholm, wo sie jeden Tag aus vielen hübsch verpackten Schokoladensorten auswählen könnte. Hier findet sie aber auch – auf einem Markt ganz in der Nähe ihrer Wohnung – fast alle aus ihrem Heimatland gelieferten Zutaten, um für Freunde ein typisch

kroatisches Gericht namens »Sarma« zuzubereiten. Und wenn sie italienisch kochen wollte oder spanisch oder ungarisch, dann fände sie auch hierfür die jeweils landestypischen Spezialitäten.
Dass wir heute fast überall in Europa zu ähnlichen Preisen aus einer großen Warenvielfalt auswählen können, verdanken wir in erster Linie dem gemeinsamen Markt, auch europäischer »Binnenmarkt« genannt. Er ist eine der Grundideen, auf denen der europäische Einigungsprozess beruht: Je freier Menschen, Waren, Dienstleistungen und Kapital zwischen den Mitgliedsstaaten verkehren können, desto mehr werden die Gesellschaften zusammenwachsen. Davon werden am Ende alle profitieren. Denn engere Beziehungen untereinander fördern nicht nur Wirtschaftswachstum und Wohlstand, sondern sorgen zugleich für politische Stabilität und helfen damit den Frieden zu sichern. Das klingt fast zu schön, um wahr zu sein. Aber alles in allem ist diese Grundidee für Europa tatsächlich aufgegangen. Das »friedliche Markteuropa« ist heute weitgehend Wirklichkeit.
Das ist schön und gut. Aber reicht das aus? Wenn Europa mehr sein will als »nur« ein Markt, muss auch über soziale, geistige und kulturelle Gemeinsamkeiten nachgedacht werden. Wir müssen also klären, wie wir als »Europäer« miteinander umgehen wollen und was uns als Europäer eint.

Immer wieder gibt es Proteste gegen ein reines »Markteuropa«, hier 2001 im schwedischen Göteborg, wo Demonstranten die EU-Fahne verbrennen.

Unterwegs nach Europa

Für diesen Klärungsprozess ist der gemeinsame Markt aber sicher eine gute Voraussetzung. Wer miteinander Handel treibt, lernt sich besser kennen. Und dennoch war es gar nicht so leicht, das »Gemeinsame« dieses Marktes zu bestimmen. Es waren zum Teil schwierige Verhandlungen nötig, bis die wirtschaftliche Vereinigung im Jahr 1993 so weit vorangetrieben war, dass man wirklich von einem Binnenmarkt sprechen konnte. Von einer »Vollendung« des Binnenmarktes kann aber bis heute noch nicht die Rede sein, da zum Beispiel der Euro noch längst nicht in allen Mitgliedsstaaten das gesetzliche Zahlungsmittel ist. Erst wenn man überall in der EU mit dem gleichen Geld bezahlen und damit auch die Preise viel besser vergleichen kann, erst wenn überall gleiche Regeln und Gesetze gelten, ist der Binnenmarkt tatsächlich »vollendet«.

Staus mit stundenlangen Wartezeiten an der deutsch-polnischen Grenze kommen zwar seltener als früher vor, seit Polen bei der Osterweiterung 2004 der Europäischen Union beigetreten ist. Da aber auch Polen heute ein Durchgangsland für den Lastwagenverkehr aus den weiter östlich gelegenen Ländern geworden ist, die nicht zur EU gehören, aber ihre Waren nach Westeuropa bringen wollen, muss zuweilen doch mit längeren Wartezeiten an der Grenze gerechnet werden, bis alle Papiere von den Grenzbeamten geprüft worden sind.

Binnenmarkt

Mit rund 490 Millionen Menschen ist die Europäische Union einer der größten »Binnenmärkte« der Welt. Um ein Binnenmarkt zu sein, müssen vier Freiheiten gelten:
1. die Zollunion, das heißt der freie, durch keine Grenzkontrollen behinderte Warenverkehr;
2. der freie Personenverkehr, wonach jeder EU-Bürger das Recht hat, sich auf dem gesamten Gebiet der EU ungehindert aufzuhalten und auch überall zu arbeiten;
3. der freie Dienstleistungsverkehr, das heißt jeder europäische Selbstständige (zum Beispiel ein Anwalt) und jedes Unternehmen (eine Bank) kann sich in jedem EU-Land niederlassen;
4. der freie Kapitalverkehr, der jede Einschränkung für Geldanlagen oder Investitionen auf dem Gebiet der EU verbietet.
Diese Freiheiten gehen über den Bereich der Wirtschaft weit hinaus. Sie besagen, dass niemand und nichts wegen seiner nationalen Herkunft benachteiligt werden darf.

Stationen des Einigungsprozesses

Was so einfach klingt – »gleiche Regeln und Gesetze« –, ist in der Praxis ganz schön kompliziert. Es braucht viel Zeit und guten Willen, wenn viele Partner, die alle ihre eigenen Gewohnheiten, Vorstellungen und Interessen haben, sich auf etwas Gemeinsames einigen wollen. Da gibt es immer wieder Anlass, sich zu streiten – weshalb es eine ganze Weile gedauert hat, bis schließlich die Europäische Union entstanden ist.

»Sie kommen aus Europa. Sie bleiben in Europa.« Vor allem in den ersten Jahren nach dem Zweiten Weltkrieg war die Europabegeisterung groß. Hier demonstrieren junge Deutsche im Dezember 1953 an der deutsch-luxemburgischen Grenze für ein vereintes Europa.

Von der Europa-Rede Winston Churchills 1946 in Zürich über den Haager Kongress 1948 bis zur Gründung der Europäischen Gemeinschaft für Kohle und Stahl (EGKS) 1951 waren gerade einmal fünf Jahre vergangen. Das ist nicht viel Zeit, wenn man bedenkt, welche Verwüstungen der Krieg angerichtet hatte – auch in den Menschen, die ihr Misstrauen, ihre Schmerzen und ihren Hass nur langsam überwanden.
Doch gerade weil die Vergangenheit so schwer lastete, war es umso wichtiger, den Frieden zu sichern und künftige Kriege zwischen den europäischen Nachbarn zu verhindern. Deshalb erfolgten die ersten Schritte in schnellem Tempo. Danach ging es dann deutlich langsamer voran. Das heißt allerdings nicht, dass das Interesse an einem geeinten Europa kleiner geworden wäre. Nein, man fühlte sich auf dem richtigen Weg und wollte die Dinge nun nicht mehr in Eile, sondern möglichst gut regeln.
Und diese Regelung vollzog sich anschließend in verschiedenen Etappen. Die wichtigsten Stationen sollen hier kurz beschrieben werden. Denn wer mit der Geschichte des europäischen Einigungsprozesses ein wenig vertraut ist, wird auch viele der heutigen Fragen und Probleme besser verstehen können.

1957: Die Europäische Wirtschaftsgemeinschaft (EWG)

Nachdem sich die 1951 gegründete Europäische Gemeinschaft für Kohle und Stahl (EGKS) als erfolgreich erwiesen hatte, beschlossen die Außenminister der Mitgliedsstaaten der Montanunion Anfang Juni 1955, die Zusammenarbeit auf alle Wirtschaftsbereiche aus-

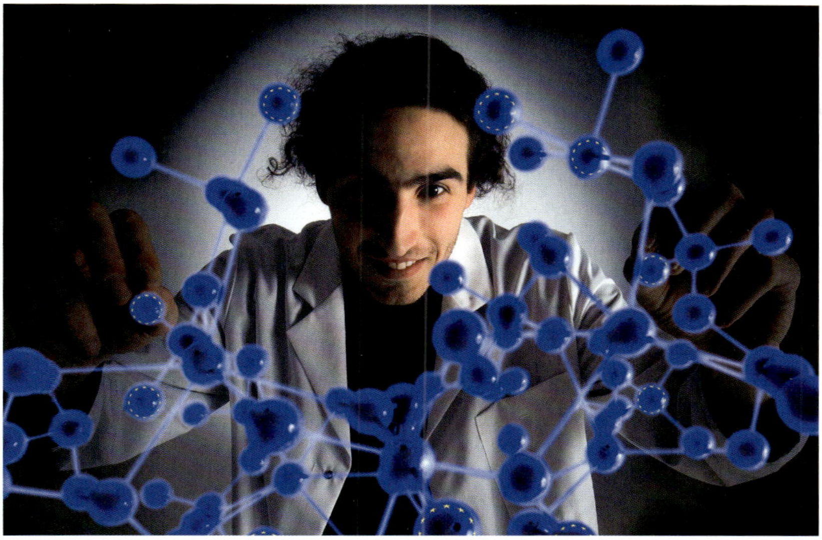

Europäische Atomgemeinschaft (Euratom)
Das Ziel der Europäischen Atomgemeinschaft war die möglichst schnelle Entwicklung von Kernindustrien in Europa, zum Beispiel durch die gemeinsame Förderung der Kernforschung und des Reaktorbaus. Die friedliche Nutzung der Kernenergie sollte den rasant wachsenden Energiebedarf decken helfen und zugleich die Abhängigkeit der europäischen Industriestaaten vom Öl verringern. Auch hierbei spielte und spielt die gegenseitige Kontrolle der kriegswichtigen Nukleartechnik eine entscheidende Rolle. Der Euratom-Vertrag gilt beinahe unverändert bis heute. Lediglich im Gesundheitsschutz oder bei der Überwachung der Reaktorsicherheit sind Ergänzungen vorgenommen worden.

Atomlobby Die Nuklearanlagenbetreiber in Europa, die Energiekonzerne, haben großen Einfluss in Brüssel. Denn obwohl die meisten Mitgliedsstaaten der Kernenergie inzwischen skeptisch gegenüberstehen, wird sie von der EU mit viel Geld gefördert. Die Befürworter der Kernkraft können sich dabei auf den Euratom-Vertrag berufen, der die Atomenergie gegenüber Kohle, Wind oder Sonne bevorzugt.

zudehnen. Am 25. März 1957 unterzeichneten daraufhin Belgien, Deutschland, Frankreich, Italien, Luxemburg und die Niederlande auf einer Regierungskonferenz in Rom die Römischen Verträge zur Gründung der Europäischen Wirtschaftsgemeinschaft (EWG) und der Europäischen Atomgemeinschaft (Euratom). Ein gemeinsamer Markt sollte geschaffen werden, auf dem Waren, Dienstleistungen, Personen und Kapital ohne Beschränkung durch Zölle, Grenzen und andere Behinderungen frei zirkulieren konnten. Damit war die Idee eines europäischen Binnenmarktes geboren.

Der Butterberg Eine »Gemeinsame Agrarpolitik« (GAP) sollte zeigen, dass die Zusammenarbeit innerhalb der EWG für alle beteiligten Länder von Nutzen sein würde. Um es allen recht zu machen, vereinbarte man einheitliche Preise für alle landwirtschaftlichen Produkte und sicherte den Bauern Preis- und Absatzgarantien zu. Sollte der Weltmarktpreis (zum Beispiel für Butter oder Getreide) unter eine festgelegte Grenze sinken, musste die EWG zum garantierten Preis als Käufer einspringen. Die Bauern brauchten sich keine Gedanken mehr darüber zu machen, ob sie das, was sie produzierten, auch verkaufen konnten. So lagen 1969 bereits 1,2 Millionen Tonnen Zucker, 6 Millionen Tonnen Getreide und über 100 000 Tonnen Butter auf Halde.

Die Überschussproduktion der EG wurde in den 1980er-Jahren als »Winter-Sozialbutter« über Wohlfahrtsverbände an Bedürftige verteilt.

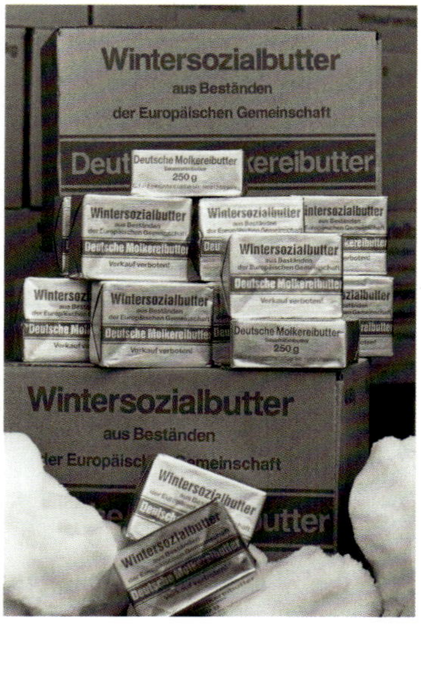

1965: Die Europäische Gemeinschaft (EG)

Die Europäische Gemeinschaft für Kohle und Stahl (EGKS), die Europäische Wirtschaftsgemeinschaft (EWG) und die Europäische Atomgemeinschaft (Euratom) existierten seit 1957 als eigenständige »Behörden« nebeneinander und wurden im April 1965 zur Europäischen Gemeinschaft (EG) zusammengelegt. Seitdem gibt es für die drei Organe einen gemeinsamen Rat, den Ministerrat, und eine gemeinsame Kommission.

1972: Von der Wirtschaft zur Politik

Auf einer Gipfelkonferenz in Paris 1972 wurden die wirtschaftlichen Ziele der Staatengemeinschaft erstmals durch politische Ziele, wie eine verstärkte Zusammenarbeit in der Außenpolitik, ergänzt. Um diese politische Aufwertung deutlich zu machen und auch um mehr Interesse für Europa zu wecken, einigte man sich darauf, dass das Europäische Parlament künftig von den Bürgern direkt gewählt werden sollte; bis dahin setzte es sich aus Abgeordneten der nationalen Parlamente zusammen. Trotz dieser guten Vorsätze geriet jedoch der Einigungsprozess in den 1970er-Jahren ins Stocken. Jeder versuchte, für sein Land, zum Beispiel für die heimischen Bauern, das Beste herauszuholen. Erste Fehlentwicklungen wurden sichtbar, vor allem in der seit 1966 betriebenen »Gemeinsamen Agrarpolitik« (GAP), und ließen das Ansehen der EWG spürbar sinken. Von Starrheit war die Rede – und auch schon von Bürokratie.

Norderweiterung

Am 1. Januar 1973 traten Großbritannien, Irland und Dänemark der Europäischen Gemeinschaft bei. Zuvor hatte es dort hitzige Debatten über den Beitritt gegeben. Die Gegner warnten vor einem »Ausverkauf des Landes« und einem Verlust der eigenen Selbstbestimmung. In Großbritannien stimmte das Parlament mit knapper Mehrheit für den Beitritt, in Irland und Dänemark gaben Volksabstimmungen den Ausschlag. Dramatisch verliefen die Auseinandersetzungen in Norwegen, nachdem die Regierung ein Beitrittsgesuch gestellt hatte. Bei der Volksabstimmung 1972 sprachen sich 54 Prozent der Norweger gegen eine Aufnahme in die EG aus – die norwegische Regierung trat daraufhin zurück.

1979: Europa wählt

In allen Mitgliedsländern durften die Menschen 1979 in Wahlen erstmals ihre Europa-Abgeordneten für die nächsten fünf Jahre selbst bestimmen. Seitdem ist das Europäische Parlament das einzige direkt von den Bürgern der Mitgliedsstaaten gewählte europäische Organ. Ebenfalls 1979 wurde ein weiterer Riesenschritt getan. Im März trat das Europäische Währungssystem (EWS) in Kraft. Damit sollte vor allem der Handel zwischen den Mitgliedsländern weiter angekurbelt und zugleich sicherer werden. Denn da der Wert der Währungen untereinander zum Teil erheblich schwankte, konnte es passieren, dass etwa ein nach Frankreich verkauftes und in Franc bezahltes deutsches Auto plötzlich in D-Mark viel weniger einbrachte als vorher berechnet. Gleichzeitig wurden in D-Mark zu bezahlende Waren für die anderen erheblich teurer. Das war keine gute Voraussetzung, um untereinander Geschäfte zu machen. Dieses Hindernis auf dem Weg zu einem Binnenmarkt wurde mit dem EWS nun ausgeräumt. Nur Großbritannien stellte sich quer und blieb dem EWS fern.

»Die eiserne Lady« Margaret Thatcher war zunächst Chemikerin und gilt als Miterfinderin des Softeis. Sie selbst war allerdings gar nicht »soft«. 1979 wurde sie der erste weibliche Regierungschef Europas und blieb als britische Premierministerin bis 1990 im Amt. Wegen ihrer Durchsetzungskraft gab man ihr den Spitznamen »Eiserne Lady«.

1987: »Einheitliche Europäische Akte«

Da bis in die 1980er-Jahre hinein ein Einstimmigkeitsprinzip galt – das heißt, jedes der neun, seit 1981 (Beitritt Griechenlands) zehn Länder konnte jede Entscheidung verhindern –, kam es immer wieder zum Stillstand. So blockierte die britische Premierministerin Margaret Thatcher eine Zeit lang viele Maßnahmen, weil sie fand, dass Großbritannien zu viel Geld für die EG bezahlte. Und die Dänen mochten zum Beispiel nicht einsehen, warum sie für den Fischfang vor der eigenen Küste die Gemeinschaft um Erlaubnis fragen sollten. Solche Unstimmigkeiten konnten erst durch zahlreiche Verhandlungen in den Jahren 1985 und 1986 ausgeräumt werden. Im Ergebnis einigten sich die Regierungschefs im Juli 1987 schließlich auf die sogenannte »Einheitliche Europäische Akte«: Mit ihr wurde das Einstimmigkeitsprinzip abgeschafft – künftig genügte die Mehrheit, um eine Entscheidung zu treffen. Außerdem erhielt das Europäische Parlament, das bis dahin bei keiner Entscheidung wirklich mitreden durfte, ein echtes Mitentscheidungsrecht bei der Aufnahme neuer Mitgliedsländer.

1992: Die Europäische Union

Einen entscheidenden Schub erhielt die europäische Einigung in den Jahren 1989/1990. Durch den Zusammenbruch der Sowjetunion und die deutsche Vereinigung war eine völlig veränderte Situation entstanden. Viele neue Länder drängten nun auf einen Beitritt. Aufgrund dieser veränderten Lage schlossen die inzwischen zwölf Mitgliedsländer – 1986 waren Spanien und Portugal beigetreten – 1992 den Vertrag von Maastricht zur Gründung der Europäischen Union.
Mit diesem Vertrag wandelte sich die bislang hauptsächlich wirtschaftlich ausgerichtete Gemeinschaft endgültig zu einem politischen Zusammenschluss. Aus dem Markteuropa sollte, wie von vornherein beabsichtigt, ein »Europa der Bürger« entstehen.
Um dieses Europa den Menschen im ehemaligen Ostblock nicht vorzuenthalten, wurden zügige Beitrittsverhandlungen in Aussicht gestellt. Dies geschah auch, um die jungen Demokratien zu festigen und die mancherorts – so im ehemaligen Jugoslawien – aufbrechenden Konflikte zu entschärfen.
Einer der wichtigsten Beschlüsse des Maastrichter Vertrags war die Einführung einer gemeinsamen Währung.

Der Name »Europäische Union« wurde auf der Pariser Gipfelkonferenz der Staats- und Regierungschefs der EWG-Länder im Jahr 1972 geprägt. Er sollte signalisieren, dass das wirtschaftliche Zusammenwachsen auch politisch in eine »immer engere Union der Völker Europas« münden sollte. Im Februar 1992 wurde dann in Maastricht von den damals zwölf Mitgliedsländern der Vertrag über die Europäische Union unterzeichnet.

Tanz in die EU: Die Menschen in Prag und anderswo feiern in der Nacht zum 1. Mai 2004 den Beitritt Tschechiens zur EU.

EU-Beitrittsbedingungen
Um der EU als Mitglied beitreten zu können, muss ein Land sowohl politische als auch wirtschaftliche Vorgaben erfüllen. Es muss demokratisch regiert sein, rechtsstaatliche Institutionen (wie unabhängige Gerichte) haben und die Menschenrechte (wie zum Beispiel Meinungsfreiheit) sowie den Schutz von Minderheiten garantieren. Diese politischen Bedingungen müssen erfüllt sein, bevor überhaupt Beitrittsverhandlungen aufgenommen werden. Die wirtschaftlichen Vorgaben, wie eine funktionierende und wettbewerbsfähige Marktwirtschaft, sind erst zum Zeitpunkt des Beitritts zu erfüllen. Deshalb kann es manchmal viele Jahre dauern, bis ein beitrittswilliges Land EU-Mitglied wird.

1995: »Europa der Bürger«

Einem »Europa der Bürger« sollte auch ein weiteres Abkommen dienen: das Schengen-Abkommen, benannt nach dem Grenzort Schengen in Luxemburg, wo die Verhandlungen 1985 begonnen hatten. Um das Zusammengehörigkeitsgefühl der Menschen in Europa zu stärken, wurden alle Personenkontrollen an den gemeinsamen Grenzen abgeschafft. Den Anfang machten 1985 Deutschland, Frankreich, Belgien, die Niederlande und Luxemburg. Seitdem hat sich der »Schengen-Raum« stetig vergrößert.

Krieg in Europa Was in der Tschechoslowakei 1993 friedlich gelang – die Aufteilung des Landes in zwei Staaten, Tschechien und Slowakische Republik –, führte in Jugoslawien zum Krieg. Nachdem sich Slowenien und Kroatien nach den ersten freien Wahlen am 25. Juni 1991 für unabhängig erklärt hatten, versuchte die jugoslawische Volksarmee eine Abspaltung zu verhindern. Unter Vermittlung der EU konnte für Slowenien nach zehn Tagen ein Waffenstillstand erreicht werden. In Kroatien, in Bosnien-Herzegowina und im Kosovo kam es zu Kämpfen zwischen der Zentralregierung in Belgrad und den nach Unabhängigkeit strebenden Teilrepubliken. Zehntausende fielen diesem Krieg zum Opfer.

Unerlaubte Einwanderung
Die Stadt Melilla liegt im afrikanischen Marokko, gehört aber zu Spanien und damit zur Europäischen Union. Viele Afrikaner versuchen, an dieser Stelle unerlaubt nach Europa zu gelangen. Ein zehn Kilometer langer Stacheldrahtzaun soll sie daran hindern. Aber Tausende haben ihn mit langen Leitern überwunden. Sie kommen ohne Papiere, so darf Spanien sie nicht zurückschicken. Nach vierzig Tagen sind sie auf freiem Fuß und können sich dank der Aufhebung der Binnengrenzen in der EU durch das Schengener Abkommen in vielen Ländern frei bewegen.

Das Schengen-Informations-System (SIS)

Die dem Schengen-Abkommen beigetretenen Staaten haben ein gemeinsames Fahndungs- und Informationssystem ent wickelt, mit dessen Hilfe europaweit Fahndungsdaten ausgetauscht werden können – zum Beispiel über Personen, die von der Polizei gesucht werden, oder über gestohlene Autos und Kunstwerke. Seit 1999 hat die Europäische Union mit der »Europol« auch ein unabhängiges Polizeiamt mit Sitz in Den Haag. Europol soll den Informationsaustausch zwischen den Polizeibehörden der Länder verbessern, vor allem, um die internationale Schwerkriminalität (Terrorismus, Drogenhandel, Geldwäsche, Kinderpornografie usw.) besser bekämpfen zu können.

Mit Norwegen, Island und der Schweiz nehmen inzwischen auch Länder am Schengen-Abkommen teil, die nicht der EU angehören. Allerdings brachte die Freizügigkeit auch einige Probleme mit sich. Um den Missbrauch offener Grenzen durch illegale Einwanderer oder international agierende Verbrecher zu verhindern, vereinbarten die Schengen-Staaten deshalb eine enge polizeiliche Zusammenarbeit.

1999: Einführung des Euros

Die von Beginn an angestrebte Wirtschafts- und Währungsunion wurde 1999 gestartet. Die teilnehmenden Länder – 1995 waren auch Österreich, Finnland und Schweden der EU beigetreten – bereiteten sich nun stufenweise auf die Einführung einer gemeinsamen Währung vor. Im bargeldlosen Zahlungsverkehr wurde bereits ab 1. Januar 1999 in Euro gerechnet, die nationalen Währungen blieben aber noch weitere drei Jahre die gesetzlichen Zahlungsmittel. Erst Anfang 2002 wurden die neuen Scheine und Münzen dann in Umlauf gebracht. Nur Dänemark, Großbritannien und Schweden nehmen nicht an der Währungsunion teil.

Es ist absehbar, dass sich der »Euro-Raum« stetig vergrößern wird, da inzwischen viele weitere Länder der EU beigetreten sind. Als erstes dieser neuen Mitgliedsländer erfüllte Slowenien die wirtschaftlichen Bedingungen, um im Januar 2007 den Euro ebenfalls als gesetzliches Zahlungsmittel einführen zu können.

Das Europäische Währungssystem (EWS)

Im März 1979 vereinbarten Deutschland, Frankreich, Italien, Belgien, Dänemark, Luxemburg, Irland und die Niederlande, ihre Währungen an einem festgelegten Leitkurs auszurichten. Das geht nur zwischen wirtschaftlich etwa gleich starken Partnern, denn der Wert einer Währung hängt von der Wirtschaftskraft des jeweiligen Landes ab und davon, wie eine Währung zu anderen Währungen außerhalb des Währungssystems, zum Beispiel zum US-Dollar, steht. Später sind aus dieser Vereinbarung die Währungsunion und der Euro hervorgegangen. Heute müssen Staaten, die den Euro einführen wollen, mindestens zwei Jahre erfolgreich an einem ähnlichen System (EWS II) teilnehmen.

Der Euro Seit 2002 ist der Euro gesetzliches Zahlungsmittel in zunächst zwölf Ländern sowie in den europäischen Kleinstaaten Andorra, Monaco, San Marino und Vatikanstadt. Die Euro-Münzen haben alle die gleiche Vorderseite, während die Rückseiten von jedem Land nach eigenen Motiven gestaltet sind. Sie symbolisieren damit sowohl die Einheit als auch die Vielfalt in Europa. Die Euro-Scheine spiegeln die Kunstgeschichte Europas wider: 5 Euro: Antike, 10 Euro: Romantik. 20 Euro: Gotik, 50 Euro: Renaissance, 100 Euro: Barock, 200 Euro: Baukunst von 1750–1900. 500 Euro: Moderne. Das Eurozeichen € ist eine Kombination aus dem Buchstaben E für Europa, dem griechischen Epsilon, in Erinnerung an die Antike als Ursprung der europäischen Zivilisation, und einem doppelten Querstrich als Zeichen für Stabilität.

Die Staats- und Regierungschefs der EU-Mitgliedsstaaten nach Unterzeichnung des vom Europäischen Konvent erarbeiteten Verfassungsentwurfs im Oktober 2004 in Rom

2002: Europäischer Konvent

Um die Europäische Union zukunftsfähig zu machen, um sie den Bürgern näherzubringen und auf die Aufnahme weiterer Mitglieder vorzubereiten, nahm der Europäische Konvent 2002 seine Arbeit auf. Unter dem Vorsitz des früheren französischen Staatspräsidenten Valéry Giscard d'Estaing entwickelte ein Arbeitskreis aus etwa 100 Personen – darunter Vertreter der nationalen Parlamente, des EU-Parlaments, der Regierungen und der EU-Kommission – einen Verfassungsentwurf für die Europäische Union. Am 18. Juni 2004 wurde dieser Entwurf von allen Staats- und Regierungschefs der EU-Länder angenommen.
Die Europäische Verfassung fasst alle bisher bestehenden Verträge zusammen und sieht einige wesentliche Neuerungen vor. Besondere Bedeutung hat die Charta der Grundrechte, die jeden einzelnen europäischen Bürger unter besonderen Schutz stellt. Daneben soll die EU übersichtlicher und »bürgernäher« werden. So ist zum Beispiel eine weitere Stärkung des Parlaments vorgesehen; außerdem soll das neu geschaffene Amt eines Außenministers der Union das internationale Gewicht der EU stärken. Die Verfassung tritt jedoch erst in Kraft, wenn ihr alle Mitgliedsstaaten durch Parlamentsbeschluss oder Volksentscheid zugestimmt haben.

»Vive l'Europe!« Mit diesen Worten – »Es lebe Europa!« – eröffnete man die erste Sitzung des Europäischen Konvents am 28. Februar 2002 in Brüssel. Die Welt warte auf ein »starkes, einiges, friedliches Europa«. Zuvor aber müsse die EU »demokratischer, transparenter und effizienter« werden. Und diese Reform sollte der Konvent auf den Weg bringen. Erstmals wurde damit in aller Öffentlichkeit über Fragen diskutiert, die alle Europäer angehen: Wer hat die Macht in der EU? Wer entscheidet was? Und welchen Einfluss sollen künftig die Bürger haben? Schade nur, dass dem Konvent überwiegend ältere Männer angehörten – Ex-Minister, Ex-Kommissare, Ex-Diplomaten. Frauen und junge Leute waren kaum vertreten.

2004: Die EU-Osterweiterung

Nachdem bereits im Maastrichter Vertrag festgeschrieben worden war, dass »jeder europäische Staat« eine Mitgliedschaft in der EU beantragen könne, hatten Anfang der 1990er-Jahre mehrere mittel- und osteuropäische Länder ihren Wunsch nach einem Beitritt erklärt. Die EU trat daraufhin in Beitrittsverhandlungen mit zehn Ländern ein. Dass es danach noch einmal gut zehn Jahre dauern sollte, bis die Neuen zu vollwertigen EU-Mitgliedern wurden, hängt damit zusammen, dass diese Länder zuvor die schwierigen Beitrittsbedingungen zu erfüllen hatten. Am 1. Mai 2004 war es dann so weit: In der größten Erweiterungsrunde ihrer Geschichte vergrößerte sich die EU von 15 auf 25 Mitgliedsländer.

Die Neuen in der EU Bevor Estland, Lettland, Litauen, Polen, Tschechien, die Slowakei, Slowenien, Ungarn, Zypern und Malta zu vollwertigen EU-Mitgliedern wurden, mussten zunächst zahlreiche politische, rechtliche und vor allem wirtschaftliche Bedingungen nachweislich erfüllt sein.
Mit dem Beitritt von Bulgarien und Rumänien im Januar 2007 gehören der EU nunmehr 27 Länder an.

2005: Europa in der Krise

Im Juli 2005 stimmte der Deutsche Bundestag dem Verfassungsentwurf für die Europäische Union zu. Die Franzosen und die Niederländer hingegen sprachen sich in Volksabstimmungen gegen die Annahme der Verfassung aus. Damit ist der Einigungsprozess vorerst ins Stocken geraten, und es bleibt offen, ob und wann die Verfassung in Kraft treten wird.

Moloch Europa?

Im Sommer 2004 fanden in den 25 EU-Ländern gleichzeitig Wahlen zum Europäischen Parlament statt. Immer mehr Grenzzäune waren in den vorangegangenen Jahrzehnten abgebaut worden. Der Austausch untereinander hat enorm zugenommen. Weitere Länder wollen der EU beitreten. Und wie immer, wenn sich die Dinge verändern, gibt es Menschen, denen das nicht gefällt und die es besser fänden, wenn alles so bliebe, wie es ist. Die EU, sagen manche, sei schon jetzt durch die vielen neuen Mitgliedsländer überfordert.

Es ist schon seltsam: Obwohl das scheinbar Unmögliche, das einige Menschen – wie etwa Winston Churchill, Jean Monnet oder Robert Schuman – nach dem Zweiten Weltkrieg zu denken gewagt hatten, inzwischen Realität geworden ist, obwohl man also die europäische Einigung wirklich als eine Erfolgsgeschichte bezeichnen muss, hat Europa nicht gerade ein gutes Image. Vor allem dem Kernstück der europäischen Einigung, der Europäischen Union, stehen immer mehr Menschen eher misstrauisch gegenüber.

Schafzüchter protestieren in Brüssel gegen die EU-Agrarpolitik.

Ungeliebte EU

In regelmäßig durchgeführten Umfragen hat nur noch die Hälfte aller Bürger eine positive Meinung über die EU. Und selbst diejenigen, die die EU gut finden, sind in Sorge, dass uns dieses Europa irgendwie über den Kopf wachsen könnte. Solche Sorgen sind nicht verwunderlich. Denn es gibt heute wohl kaum jemanden, der noch überschauen könnte, was im Rahmen der EU alles geregelt wird und was nicht, wer in welchem Bereich das Sagen hat und nicht zuletzt, was das Ganze eigentlich mit jedem Einzelnen zu tun hat.

Um die letzte Frage zuerst zu beantworten: Die EU geht jeden von uns unmittelbar an. Nicht nur was wir kaufen, sondern auch wie wir arbeiten, welche Nahrungsmittel angebaut werden, wie die Umwelt zu schützen oder der Verkehr zu organisieren ist – all das wird schon heute zum großen Teil nicht mehr von der jeweiligen Landesregierung, sondern von der EU geregelt. Auch um die gute Schokolade, von der Slavenka Drakulić als Kind einst geschwärmt hat, kümmert sich mittlerweile die EU: Sie legt fest, welche Bestandteile die Süßigkeit enthalten muss, damit sie überhaupt Schokolade genannt und europaweit verkauft werden darf.

Falschmeldungen »Brüssel beschließt Zwangsbremse für alle Autos«, »Sahnetörtchen dürfen nicht mehr ohne Einwickelpapier verkauft werden«, die EU beschließt ein »Verbot der Holzofenpizza« – diese und viele andere Nachrichten waren schlichtweg falsch. Wer weiß, wie und warum sie zustande kommen. Die Zeitung »taz« hat einmal bewusst die Falschmeldung verbreitet, dass eine EU-Norm den Wasserdruck von Klospülungen europaweit einheitlich vorschreibt; sie wollte damit die Regulierungswut der EU kritisieren. Denn manchmal fragt man sich schon, warum in der Europäischen Union so vieles bis ins Kleinste geregelt werden muss.

Abstruse Regeln und Normen?

Weil wir zahlreiche Entscheidungen häufig nicht nachvollziehen können, sind viele Menschen misstrauisch geworden. Wir lesen oder hören von allerlei absonderlichen Vorschriften, die plötzlich von Lappland bis Sizilien, von Polen bis Portugal gültig sein sollen.

So ist beispielsweise die Mindestlänge von 160 Millimetern für Kondome europaweit ebenso exakt vorgeschrieben wie die Platzierung der Bohrlöcher zur Anbringung von Nummernschildern an Motorrädern. Vollends an den Kopf fassen möchte man sich, wenn man unter der Zeitungsüberschrift »EU-Norm verhindert Feuerwehreinsätze« zu lesen bekommt, dass durch das Inkrafttreten einer EU-Abgasnorm, die den Einsatz von Rußfiltern vorschreibt, für 524 von 624 Einsatzwagen der Berliner Feuerwehr ein Fahrverbot verhängt werden muss. Eine Ausnahmeregelung für die Feuerwehr, so die Stadtverwaltung, sei nicht vorgesehen; für eine Umrüstung der betroffenen Fahrzeuge, so die Feuerwehr, sei aber kein Geld vorhanden. Heißt das nicht in anderen Worten, dass eine kaltherzige EU-Bürokratie dafür verantwortlich zu machen ist, wenn die Berliner Feuerwehr im Brandfall nicht mehr ausrücken darf? Nein, dieses Beispiel legt vielleicht eine Berliner Misere offen, es ist aber nicht geeignet, eine weltfremde EU-Bürokratie anzuklagen. Denn dass die erwähnte Norm im Jahre 2008 eingeführt wird, war nicht nur ein gemeinsamer Beschluss, sondern seit Langem bekannt. Außerdem ist doch wohl jede Verringerung von Umweltbelastungen wünschenswert. Und dennoch steht am Ende häufig die EU am Pranger. Manche glauben, dort sitzen Heerscharen von Beamten, die nichts anderes tun, als sich bizarre Regeln auszudenken, um uns das Leben schwer zu machen. Das eine ist so falsch wie das andere.

Tierschutz Es gibt eine EU-Tierhaltungsrichtlinie, die unter anderem festlegt, dass Schweine in ihrem Stall ständig Zugang zu »Beschäftigungsmaterial« haben müssen – damit sich die Tiere nicht langweilen.

Die allermeisten Richtlinien und Verordnungen werden gar nicht in Brüssel erdacht, sondern von außen – etwa von Tierschützern oder Bauernverbänden, von Handelsorganisationen oder der Automobilindustrie – eingefordert. Und so übermäßig viele Beamte, wie Kritiker immer wieder beklagen, hat die EU in Wahrheit gar nicht.

Bürokratie

Viele Menschen arbeiten für die EU. Das kann auch gar nicht anders sein, wenn man bedenkt, dass die Union 27 Länder mit insgesamt über 450 Millionen Einwohnern umfasst. Gemessen an dieser Zahl und an den ständig erweiterten Zuständigkeiten sind aber die rund 20 000 Beamten, die für die Europäische Union arbeiten, geradezu eine Kleinigkeit; jede deutsche Großstadt beschäftigt einen viel größeren Beamtenapparat. Und diese für die verschiedenen EU-Organe tätigen Beamten werden nicht von einer dunklen Regelungswut angetrieben, sondern mit Wünschen, Anfragen, Anträgen und Aufgaben von außen überhäuft. Auch den EU-weit vorgeschriebenen Krümmungsgrad von Bananen und Gurken, der immer wieder als Beispiel für Überregulierung genannt wird, hat sich kein Beamtengehirn ausgedacht. Solche Regeln, Handelsklassen, Normen gibt es schon in jedem Land – nur eben häufig so viele verschiedene, wie es Mitgliedsstaaten in der Union gibt.

Einheit und Einheitlichkeit

Damit ein Unternehmer oder Händler seine Ware auf dem Binnenmarkt Europa verkaufen kann, müssen überall dieselben Regeln gelten. Sonst hätten nicht alle die gleichen Chancen. Die meisten der manchmal komischen Richtlinien und Normen gehen daher auf Wünsche und Anforderungen des Handels zurück.
Die gern verspottete Gurkenkrümmungsverordnung beispielsweise – »maximale Krümmung: 10 mm auf 10 cm Länge der Gurke« – verbietet nicht etwa krummere Gurken, sondern ordnet sie nur einer schlechteren Handelsklasse zu. »Wir brauchen diese Verordnung«, sagt etwa der Geschäftsführer des größten deutschen Gurkenvertriebs, Karl Voges, »damit der Käufer weiß, was wir ihm anbieten.«
Wer was bestimmt, wie solche Richtlinien und Gesetze zustande kommen, ist also durchaus unübersichtlich. Die EU ist eben nicht wie ein kleiner Käsestand zu organisieren, sondern wie eine riesengroße Markthalle. Damit diese wimmelnde »Markthalle« funktioniert, muss genau geregelt sein, wer wofür zuständig ist.

EU-Verordnungen und Richtlinien
Verordnungen und Richtlinien sind praktisch die Gesetze der EU. Eine Verordnung ist für jedes Mitgliedsland sofort gültig und hat im Zweifel sogar Vorrang vor einem nationalen Gesetz. Eine Richtlinie gibt ein Ziel vor – beispielsweise die Verringerung von Abgasen durch den Einsatz von Rußfiltern –, das in einer bestimmten Frist umgesetzt sein muss. Wer das nicht tut, muss mit einer Klage vor dem Europäischen Gerichtshof rechnen.

Wie funktioniert die EU?

Konferenzen, Verträge, Gremien, Gesetze – das klingt alles furchtbar abstrakt. Will man es genauer wissen und fragt, wie die EU praktisch funktioniert und womit sich die verschiedenen Organe konkret befassen, ist zunächst ein wenig Geduld gefordert.

Polen auf dem Weg in die EU: Junge Menschen tragen symbolisch den Schlüssel zur EU durch die Straßen und feiern im Mai 2001 die für ihr Land erfolgreichen Beitrittsverhandlungen.

Um ein Beispiel zu geben: Auf Wunsch von Tierschutz- und Umweltverbänden erarbeitet die EU-Kommission eine Verordnung oder Richtlinie, die den Schutz wild lebender Tierarten europaweit verbessern soll. Dieser Entwurf wird dann dem Ministerrat und dem Parlament vorgelegt. Dort wird er geprüft, man berät sich, diskutiert und verlangt in vielen Fällen Veränderungen. Erst wenn Ministerrat und Parlament der Verordnung oder Richtlinie zustimmen, ist sie angenommen. Dann wird sie im »Amtsblatt der Europäischen Gemeinschaften« veröffentlicht und ist von da an gültig.
Aber Moment! Kommission, Ministerrat, Parlament? Verordnung oder Richtlinie? Wie soll man sich damit zurechtfinden? Im Prinzip ist es gar nicht so schwer.

Der Europäische Rat

Das oberste Gremium der EU ist der Europäische Rat (ER), der sich aus den Staats- und Regierungschefs der EU-Mitgliedsländer sowie dem Präsidenten der Europäischen Kommission zusammensetzt. Diese werden in ihrer Arbeit von den Außenministern der EU-Staaten beratend unterstützt. Der Europäische Rat kommt mindestens zweimal jährlich zusammen und legt die politischen Leitlinien und Ziele der EU fest. Hier wurde zum Beispiel die Einführung des Euros beschlossen und über die Aufnahme neuer Mitgliedsländer entschieden. Der Rat ist jedoch nicht direkt an der europäischen Gesetzgebung beteiligt; weder erarbeitet noch beschließt er Gesetze. Der Vorsitz im Rat, die Ratspräsidentschaft, wechselt turnusmäßig für jeweils sechs Monate von Land zu Land.

Der Rat der Europäischen Union

Eine andere Vertretung der Mitgliedsregierungen ist der Rat der Europäischen Union, meistens Ministerrat oder auch nur Rat genannt. Dieses Gremium ist – neben dem Europäischen Parlament – das wichtigste gesetzgebende Organ der EU. Das heißt, zusammen mit dem Parlament beschließt der Ministerrat die für das gesamte EU-Gebiet geltenden Gesetze. Im Rat sind alle Mitgliedsländer, je nachdem, worum es geht, durch ihre jeweiligen Fachminister vertreten. Geht es also um Umweltfragen, zum Beispiel um eine auch für die Berliner Feuerwehr gültige Abgasnorm, setzt sich der Ministerrat aus den Umweltministern der EU-Länder zusammen. Geht es um europaweit vergleichbare Bildungsabschlüsse, tagen und beschließen die jeweiligen Bildungsminister.

Die Flora-Fauna-Habitat-Richtlinie Man kann sich kaum ausmalen, mit welchen Fragen sich die EU befassen muss und welche Auswirkungen eine einzelne Entscheidung haben kann. So wurde auf Druck von Umweltschützern in der sogenannten Flora-Fauna-Habitat-Richtlinie bestimmt, dass künftig jedes größere Bauvorhaben in EU-Naturschutzgebieten von der EU-Kommission genehmigt werden muss. Das klingt vernünftig, führte aber dazu, dass allein aus Nordrhein-Westfalen mit seinen rund 400 Naturschutzgebieten daraufhin mehr als 25 000 Seiten Akten in Brüssel eintrafen – Unterlagen für Baugenehmigungsverfahren.

Die Europäische Kommission

Das in den Nachrichten wohl am häufigsten genannte EU-Gremium ist die Europäische Kommission. Die Kommission ist so etwas wie die Regierung der EU. Sie besteht aus einem Präsidenten oder einer Präsidentin und 26 »Ministern«, die bei der EU »Kommissare« genannt werden (ein Kommissar pro Mitgliedsland). Präsident und Kommissare werden von den Mitgliedsstaaten benannt und müssen sich einer Prüfung durch das EU-Parlament stellen. Stimmt das Parlament ihrer Ernennung zu, tritt die Kommission eine fünfjährige Amtszeit mit vielfältigen Aufgabe an: Sie erarbeitet und schlägt Gesetze vor (über die Parlament und Rat dann entscheiden), sie legt in einem Haushaltsplan fest, wofür wie viel Geld ausgegeben wird, sie überwacht die Umsetzung und Einhaltung von Verträgen und Gesetzen. Wenn es zu Verstößen kommt, kann die Kommission Unternehmen oder Regierungen mit Geldstrafen belegen oder sogar vor dem Europäischen Gerichtshof verklagen.

Auf diese Weise sind schon viele nationale Gesetze als unvereinbar mit den EU-Regelungen erklärt worden und mussten entsprechend verändert werden – zum Beispiel das deutsche Bier-Gesetz mit seinem berühmten Reinheitsgebot. Im sogenannten Bier-Urteil ist es Deutschland verboten worden, sich gegen den Import von Bieren zu verschließen, die anders gebraut werden als die deutschen Biere; denn so ein Import-Verbot verstoße gegen die »europäische Warenverkehrsfreiheit«.

Das Europäische Parlament

Unterstützt, aber auch kontrolliert und kritisiert wird die Arbeit der Kommission durch das Europäische Parlament – so wie in Deutschland oder Österreich die Bundesregierung vom Bundestag. Das Europäische Parlament wird bei den alle fünf Jahre stattfindenden Europawahlen direkt von den Bürgern der Mitgliedsstaaten gewählt und setzt sich zurzeit aus 732 Abgeordneten zusammen. Wie viele Abgeordnete aus welchem Land kommen, hängt von der jeweiligen Bevölkerungsgröße ab. Aus dem Land mit der größten Einwohnerzahl, Deutschland, werden 99 Abgeordnete ins Parlament gewählt, aus Malta stammt mit fünf Abgeordneten die kleinste Gruppe.

Die Europafahne Zwölf goldgelbe, in einem Kreis angeordnete Sterne auf blauem Grund – das ist die Europaflagge. Sie ist übrigens nicht nur das offizielle Symbol der Europäischen Union, sondern schon seit 1955 auch die Flagge des Europarates. Die Zahl der Sterne hat nichts mit der Anzahl der Mitgliedsstaaten zu tun, sondern ist unveränderlich: Nach alter Tradition steht die Zahl Zwölf für Einheit. Einheit und Solidarität der Völker Europas symbolisiert auch der Kreis, in dem die Sterne angeordnet sind.

Die wichtigsten Aufgaben des Parlaments sind: gemeinsam mit dem Ministerrat über die von der Kommission vorgeschlagenen Gesetze zu entscheiden; die Arbeit der Kommission und aller anderen EU-Organe zu kontrollieren; gemeinsam mit dem Ministerrat die Verwendung der EU-Gelder zu überwachen.

Der Europäische Gerichtshof (EuGH)

Der Europäische Gerichtshof in Luxemburg ist das oberste Gericht der Union. Er besteht aus 27 Richtern (einer pro Mitgliedsstaat), die von den jeweiligen Regierungen für sechs Jahre ernannt werden. Dieses Gericht ist in seiner Bedeutung mit dem Bundesverfassungsgericht zu vergleichen und hat dafür zu sorgen, dass das EU-Recht in allen Mitgliedsländern einheitlich ausgelegt und angewendet wird. Jedes Land, jede EU-Einrichtung, jedes Unternehmen, jeder einzelne Bürger kann Rechte vor dem EuGH einklagen. Man kann auch gegen nationale Gesetze klagen, wenn sie mit dem EU-Recht nicht übereinstimmen, da das Europarecht höher steht als die nationalen Gesetzgebungen.

Die Arbeit der EU

Irgendwie klingt das alles nicht gerade »schlank« und effektiv. Weil so viele Leute und Organe an Entscheidungsprozessen beteiligt sind, dauert es oft sehr lange, bis es tatsächlich zu Entscheidungen kommt. Gleichzeitig ist das Spektrum der Angelegenheiten, mit denen sich diese vielen Leute und Organe zu beschäftigen haben,

Tschechien feiert den EU-Beitritt am 1. Mai 2004 mit einem großen Feuerwerk.

auch noch überaus umfangreich. Da geht es um Lebensmittelhygiene und Luftsicherheit, um die Lärmemission von Rasenmähern und die Standfestigkeit von Leitern; es gibt eine Richtlinie »über das Inverkehrbringen von Pflanzenschutzmitteln« und sogar eine Verordnung »mit Vorschriften zur Verhütung, Kontrolle und Tilgung bestimmter transmissibler spongiformer Enzephalopathien«. Was immer diese letzte Verordnung auch regeln mag, es war bestimmt nicht sehr lustig, sich damit zu befassen.

An Arbeitsmangel haben die bei der EU beschäftigten Beamten sicher nicht zu leiden. Im Gegenteil, mit jeder Entscheidung nehmen die Zuständigkeiten und damit auch die Aufgaben zu. Dabei haben zum Beispiel die Abgeordneten des Europäischen Parlaments schon eine Menge damit zu tun, ihre Arbeit überhaupt zu organisieren. Nicht nur, dass die EU viele Sprachen spricht, sie ist auch auf viele Orte verteilt.

Der Europarat Der Europarat ist etwas anderes als der Europäische Rat. Der Europarat ist die älteste europäische Nachkriegsorganisation. Er wurde am 5. Mai 1949 gegründet, damit die Länder Europas enger zusammenarbeiten. Sein wichtigstes Arbeitsfeld ist die Wahrung der Menschenrechte. So entstand 1950 die Europäische Menschenrechtskonvention, die Freiheitsrechte europaweit garantiert und Folter, Zwangsarbeit und Todesstrafe verbietet. Darauf haben sich alle europäischen Staaten verpflichtet und, um die Einhaltung zu überwachen, den Europäischen Gerichtshof für Menschenrechte in Straßburg gegründet (wiederum nicht zu verwechseln mit dem Europäischen Gerichtshof in Luxemburg).

Wo ist und wie spricht die EU?

Offiziell hat die Europäische Union weder ein Zentrum noch eine einheitliche Sprache. Zwar gilt die belgische Hauptstadt Brüssel, in der die EU-Kommission angesiedelt ist, inzwischen als »EU-Hauptstadt«, es gibt aber andere wichtige EU-Einrichtungen an vielen Orten in Europa. Und alle Sprachen der EU-Mitgliedsländer sind auch Amtssprachen. Es gibt also eine Menge Verständigungsbedarf.

Die Europahymne »Alle Menschen werden Brüder« – diese Worte aus Friedrich Schillers Gedicht »An die Freude« hatten Ludwig van Beethoven zu seiner Neunten Sinfonie inspiriert. Und dessen Melodie wählte der Europarat 1972 zur Europahymne.

Brüssel ist als Sitz der EU-Zentrale durchaus ein guter Standort. Keines der beiden Kernländer der Union, Deutschland und Frankreich, sollte für sich in Anspruch nehmen können, die politische Führung der Gemeinschaft zu beherbergen. Also erhielt Belgiens Hauptstadt Brüssel den Zuschlag. Überhaupt kam es immer wieder zu Rivalitäten, in welchem Land die Gemeinschaftseinrichtungen ihren Sitz haben sollten, weil deren Ansiedelung einiges Renommee versprach. Inzwischen gibt es EU-Einrichtungen an mehr als 20 Orten in ganz Europa – von Saloniki (Europäisches Zentrum für die Förderung der Berufsbildung) bis Lissabon (Europäische Drogenbeobachtungsstelle), von Alicante (Harmonisierungsamt für den Binnenmarkt) über Frankfurt (Europäische Zentralbank) bis nach Kopenhagen (Europäische Umweltagentur).

Pendelverkehr

Die Verteilung der EU-Einrichtungen auf viele verschiedene Länder erscheint gerecht und sinnvoll, hat aber praktische Auswirkungen, die nicht immer angenehm sind. So ist beispielsweise eine der wichtigsten Anforderungen an einen Abgeordneten des EU-Parlaments, dass er sehr mobil sein muss. Denn seine Arbeitsorte liegen in Frankreich, Belgien, Luxemburg sowie im heimischen Wahlkreis. Die monatlichen Sitzungen (Plenartagungen) des Parlaments, zu denen alle Abgeordneten zusammenkommen, werden in Straßburg (Frankreich) abgehalten, dem Sitz des Europäischen Parlaments. Zusätzliche Tagungen sowie die eigentliche politische Arbeit (in parlamentarischen Fachausschüssen) finden in Brüssel statt. Die Verwaltung des Parlaments (das »Generalsekretariat«) wiederum befindet sich in Luxemburg. Eine Sitzungswoche pro Monat halten sich die Parlamentarier in Straßburg auf, die anderen drei Wochen durchschnittlich je zur Hälfte in Brüssel und im heimischen Wahlkreis.

Sprachgewirr

Wie verständigt man sich an einem Ort, an dem 23 Amtssprachen gelten? An dem alle Debatten und (fast) alle Dokumente in diese 23 Amtssprachen übersetzt werden müssen, damit alle Unionsbürger ihre Rechte und Mitwirkungsmöglichkeiten auch ausüben können? Man verständigt sich entweder mithilfe von Dolmetschern oder in einer der drei U-Arbeitssprachen: Englisch, Französisch, Deutsch. Ein EU-Parlamentarier sollte also mindestens zwei Sprachen sehr gut sprechen, die meisten beherrschen mehr als zwei. Die Parlamentsarbeit funktioniert nur dank einer Heerschar von Dolmetschern. Wenn etwa ein Litauer spricht, müssen 22 Übersetzer zur Verfügung stehen, die seine Rede in jede der anderen Sprachen übersetzen; und es gibt viele verschiedene Redebeiträge in einer Plenarsitzung. In den Dolmetscherkabinen herrscht deshalb ein ständiges Kommen und Gehen. Der Dolmetscher- und Konferenzdienst der EU ist der größte Dolmetscherdienst der Welt. Bei all den Sitzungen, die in Brüssel und anderen EU-Standorten stattfinden, sind jeden Tag 700 bis 800 Dolmetscher im Einsatz.

Dolmetschertreffen Dutzende Übersetzer sitzen während der Parlamentsdebatten hoch über den Köpfen der Abgeordneten in Glaskabinen unter der Decke des Plenarsaals – damit der griechische Abgeordnete zum Beispiel versteht, was sein finnischer Kollege gerade für eine Kennzeichnungspflicht für genmanipulierte Lebensmittel fordert. Gäbe es keine Kopfhörer, wäre in diesem wahrhaft internationalen Gemurmel kein Wort mehr zu verstehen.

Amtssprachen der Europäischen Union
Die Sprache, die für Gesetzgebung, Verwaltung, Gerichte und Schulen gilt, ist die Amtssprache eines Staates. Die Amtssprachen der Europäischen Union sind die Sprachen der Mitgliedsstaaten. Redebeiträge im Europäischen Parlament können in jeder Amtssprache gehalten werden; ebenso kann sich jeder Unionsbürger in seiner Amtssprache an jede EU-Einrichtung wenden. Zurzeit gibt es 23 offizielle Amtssprachen in der EU: Bulgarisch, Dänisch, Deutsch, Englisch, Estnisch, Finnisch, Französisch, Griechisch, Irisch, Italienisch, Lettisch, Litauisch, Maltesisch, Niederländisch, Polnisch, Portugiesisch, Rumänisch, Slowakisch, Slowenisch, Spanisch, Schwedisch, Tschechisch und Ungarisch.

Übersetzungsfehler Auch ohne Witze und Wortspiele kommt es immer wieder zu Übersetzungsfehlern. Als ein britischer Abgeordneter einmal das Tempo in einer hitzigen Debatte mit dem Rafting auf wilden Flüssen »shooting rapids« (Stromschnellen) verglich, hörte die deutsche Dolmetscherin »rabbits« (Kaninchen). Darauf wünschte ein deutscher Abgeordneter zur Verwirrung des Redners: »Waidmannsheil!« Und als das Parlament einmal den Rat der Weisen (Französisch: »sages«) einsetzen wollte, um Missstände bei der Kommission aufzudecken, wurde aus den »Drei Weisen« (»trois sages«) versehentlich »trois singes«, »drei Affen«.

Der Nachteil der Vielfalt

Wäre es nicht viel besser, man würde sich auf eine Sprache verständigen? Praktikabler vielleicht. Aber die EU beruht und baut gerade darauf, dass die Menschen ihre unterschiedlichen Eigenheiten bewahren. Insofern ist es wichtig, auch die Sprachenvielfalt zu erhalten, wenngleich die Nachteile nicht zu übersehen sind. Die ganze Übersetzungsarbeit ist nicht nur überaus aufwändig und teuer, das Sprachengewirr führt auch dazu, dass manche Debatten im EU-Parlament – so berichten Ohrenzeugen – gähnend langweilig sind. Denn wer in 22 anderen Sprachen korrekt verstanden werden will, der sollte auf Witze und Wortspiele, auf Anspielungen oder Ironie wohl eher verzichten.

Parlamentsarbeit in Straßburg

Sitzungswochen in Straßburg sind von Geschäftigkeit geprägt. Auf den Termintafeln im Parlamentsgebäude blinken die zahllosen Ausschüsse, Arbeitsgruppen, Delegationssitzungen, zu denen sich stets wechselnde Gruppen zusammenfinden. So kann ein Abgeordneter an einem Vormittag ganz unterschiedliche Termine haben. 9 Uhr: Hintergrundgespräch zum iranischen Atomprogramm; 10.30 Uhr: Informationsveranstaltung mit Dosenfleischimporteuren; 11 Uhr: Beratung über die unionsweite Zulassung von Stoffen wie »Ethylhydroxiethylcellulose«; danach Mittagessen mit Funktionären des Europäischen Fußballbundes. Da kann einem schnell der Kopf schwirren.

Die Parlaments-Debatten finden oft vor nur spärlich besetzten Rängen statt. Kommt es aber anderntags zur Abstimmung, füllt sich der Parlamentssaal bis zum letzten Platz.
Abstimmungen sind wichtig. Jeder einzelne Abgeordnete wird dabei registriert. Das Verfahren ist immer gleich. Der Präsident liest Absatz für Absatz vor und bittet um Handzeichen. Absatz 1: Wer ist dafür? Dagegen? Angenommen! Danke! Absatz 2: Dafür? Dagegen? Abgelehnt! Danke. Und so fort. Die Abgeordneten wissen, wofür und wogegen sie sind, schließlich wurde das, was zur Abstimmung steht, vorher wochenlang in den Arbeitsgruppen diskutiert.

Was verdient ein Europa-Abgeordneter? EU-Parlamentarier werden unterschiedlich bezahlt, die Spanne reicht von 3000 bis 11 000 €. Ihr Einkommen bemisst sich an dem, was ihre jeweiligen nationalen Kollegen verdienen. Ein deutscher EU-Abgeordneter bekommt knapp 7000 € und damit das gleiche Monatsgehalt (»Diät«) wie ein Abgeordneter des Deutschen Bundestages. Zusätzlich erhält jeder Abgeordnete eine steuerfreie Aufwandsentschädigung – für Bürokosten, Computer, Telefon, Porto usw. – in Höhe von 3700 € und für seine Anwesenheit an offiziellen Sitzungstagen ein sogenanntes Tagegeld von 262 €. Reisekosten werden ihm erstattet, für Personalkosten erhält der Abgeordnete außerdem eine Sekretariatspauschale von monatlich 12 576 €.

Kann und soll auch die Türkei der EU beitreten? Abgeordnete des Europaparlaments in Straßburg demonstrieren im Dezember 2004 ihre Zustimmung zur Aufnahme von Beitrittsverhandlungen mit der Türkei.

Was kostet und was leistet die EU?

Viele verschiedene Standorte, viele verschiedene Sprachen machen die Arbeit in der EU, machen die Verwaltung und Verständigung zweifellos kompliziert und teuer. Und dennoch sind die Verwaltungs- und Personalkosten im Vergleich zu anderen Organisationen oder nationalen Behörden sehr gering. Sie machen gerade einmal rund fünf Prozent des EU-Haushalts aus.

Fünf Prozent des EU-Haushalts – das sind zwar immerhin gut sechs Milliarden Euro – also 6000-mal eine Million –, aber gemessen am Gesamthaushalt der EU von etwa 110 Milliarden Euro pro Jahr ist das eine überschaubare Summe. Zum Vergleich: Der deutsche Staatshaushalt umfasst weit mehr als das Doppelte; allerdings hat ein Staat, weil er für Schulbildung, Sicherheit, sozialen Ausgleich usw. sorgen muss, auch viel mehr Verpflichtungen als die EU.

Der EU-Haushalt

Jeder, der auch nur ein wenig Geld in der Tasche oder auf der Bank hat, muss damit irgendwie haushalten. Wer gut haushaltet, gibt nicht mehr aus, als er hat oder wieder einnimmt. Wer es sehr gut kann, wird immer ein bisschen weniger ausgeben, als er besitzt, und den Rest für später, als Sicherheit oder für größere Anschaffungen, beiseite legen, also sparen. Wer es schlecht macht, dem flutscht das Geld nur so durch die Finger, der gibt es aus, kaum dass es da ist und lange bevor der nächste Lohn oder das nächste Taschengeld ins Haus steht. Dieses Verhältnis von Einnahmen und Ausgaben nennt man »Haushalt«. Und die Mitgliedsländer der Europäischen Union haben sich vertraglich zu einem »guten« Umgang, also zu einem ausgeglichenen Haushalt verpflichtet. Das heißt, die EU darf nicht mehr Geld ausgeben, als sie einnimmt. Dennoch gibt es um diesen Haushalt – wie fast immer, wenn es ums Geld geht – eigentlich unentwegt Streit. Denn da die EU, anders als jeder »normale« Staat, keine Steuern erheben kann, müssen die EU-Einnahmen im Wesentlichen von den Mitgliedsländern aufgebracht werden. Da schaut jeder, ob es auch gerecht zugeht. Für solche Gerechtigkeit ist im Prinzip dadurch gesorgt, dass sich die Höhe des Beitrags jedes Landes an dessen Stärke bemisst. Und diese Stärke wiederum wird gemessen am jeweiligen sogenannten Bruttonationaleinkommen: Das ist der Wert aller Waren und Dienstleistungen, die im Laufe eines Jahres von der Volkswirtschaft eines Landes produziert werden. Von diesem für jedes Land errechneten Wert steht, so ist die Vereinbarung, gut ein Prozent der EU zu; hinzu kommt noch ein Teil der nationalen Mehrwertsteuereinnahmen. So weit, so gut. Da kann eigentlich niemand bevorzugt oder benachteiligt werden.

Geben und nehmen

Entscheidend ist aber nun, wie und wofür dieses Geld dann ausgegeben wird. Bisher wird fast die Hälfte der Gesamtsumme für die Landwirtschaft aufgewendet – durch direkte Förderung (Subvention) einzelner Produkte, wie Zuckerrüben, Milch oder Raps, oder durch garantierte Abnahmepreise. Ein weiterer großer Teil, gut 40 Prozent des Haushalts, wird für die Förderung sogenannter strukturschwacher, also weniger entwickelter, häufig ländlicher Gebiete ausgegeben – dazu gehörten lange Zeit auch die neuen deutschen Bundesländer. Das heißt, die gerecht verteilten Einnahmen der EU fließen als Ausgaben wieder an die Mitgliedsländer zurück. Diesmal allerdings deutlich ungleich verteilt, weil die Landwirtschaft zum Beispiel in Griechenland wesentlich wichtiger ist als etwa in den Niederlanden und weil die schwächeren Länder mehr Förderung erhalten als die stärkeren. Das ist auch der Sinn der Sache, führt aber immer wieder zu Streit zwischen den Nettozahlern und den Nettoempfängern. Nettozahler sind die Länder,

Briten-Rabatt Seit 1984 genießt Großbritannien in finanzieller Hinsicht einen Sonderstatus. Das Land erhält zwei Drittel seiner Nettozahlungen von der EU zurückerstattet. Diesen »Briten-Rabatt« hatte Premierministerin Margaret Thatcher, die »Eiserne Lady«, mit der schlichten Formel »I want my money back« durchgesetzt. Da die britische Landwirtschaft viel kleiner war als die der anderen EU-Staaten, konnte das Land nicht in gleichem Maße von den Agrarsubventionen profitieren wie etwa Frankreich. Es bestand also eine Schieflage zwischen den Einzahlungen und den theoretisch möglichen Rückflüssen. Da inzwischen der Anteil der Agrarausgaben am EU-Haushalt gesunken ist, soll der Briten-Rabatt bis 2013 deutlich gesenkt werden.

die mehr Beiträge an die EU abführen, als sie an Fördermitteln zurückerhalten; Nettoempfänger sind entsprechend Länder, die mehr Fördermittel erhalten, als sie an Beiträgen leisten. Als größte Nettozahler überweisen Deutschland, die Niederlande und Schweden einige Milliarden Euro mehr an die EU, als sie aus dem EU-Haushalt zurückerhalten. Länder wie Griechenland, Spanien oder Portugal dagegen profitieren in großem Umfang von der EU.
Ob diese ungleiche Verteilung ungerecht ist, lässt sich nicht leicht beurteilen, da es nicht ausreicht, die Einzahlungen mit den Rückflüssen zu verrechnen. Schließlich hat eine EU-Mitgliedschaft, zum Beispiel durch den wirtschaftlichen Nutzen eines freien Handels im Binnenmarkt, viele andere Vorteile, die mit zu berücksichtigen wären. Außerdem war und ist es der gemeinsame Wille, den gesamten Wirtschaftsraum der EU weiterzuentwickeln und allzu starke Unterschiede auszugleichen. Und dafür brauchen manche Länder mehr Unterstützung als andere.

Bürgerferne – Bürgernähe?
Fremde Sprachen, spröde Themen – die EU ist vielen fremd. Das Europäische Parlament hat deshalb das Amt des Bürgerbeauftragten geschaffen, der von den Abgeordneten für fünf Jahre gewählt wird. Dieser Beauftragte (schwedisch »Ombudsman«: »Vermittler«) ist Anlaufstelle für alle EU-Bürger, die sich benachteiligt fühlen oder Missstände in der Verwaltung kritisieren wollen. So beklagte sich ein 40-jähriger Student über die Altersbeschränkungen für Praktikanten bei der EU-Kommission. Der Ombudsmann muss der Beschwerde nachgehen, dann Bericht erstatten und Vorschläge zur Behebung von Missständen machen. Jährlich erreichen mehrere Tausend Beschwerden die Dienststelle des Bürgerbeauftragten in Straßburg.

Europas Schwachstellen

Natürlich ist die Europäische Union, trotz aller Erfolge, alles andere als perfekt. Vielen Menschen ist dieses große, unübersichtliche Gebilde irgendwie unheimlich. Die kleinen Länder haben Angst, von den großen erdrückt oder bevormundet zu werden, und die großen plagt die Sorge, dass die kleinen ihre Länder mit billigen Arbeitskräften überschwemmen. Das ist nur ein Beispiel. Und alle – kleine wie große – haben Angst, in der Einheit mit ihrer Besonderheit unterzugehen und von einer riesigen, anonymen Bürokratie bevormundet zu werden.
Dass solche zumeist unberechtigten Ängste existieren, daran sind die Brüsseler Verwaltung und die EU-Einrichtungen nicht ganz unschuldig. So ist der Bürokratie-Vorwurf durchaus ernst zu nehmen, denn viele Entscheidungen innerhalb der EU kommen nicht wirklich übersichtlich zustande. Hinzu kommt der immer wieder erhobene Vorwurf, die EU sei nicht demokratisch genug. Der Rat der Europäischen Union beispielsweise, als wichtigstes Entscheidungsorgan der EU, wird ausschließlich von den nationalen Regierungen kontrolliert, ohne dass das Europäische Parlament

Im Mai 2005 sollten sich die Franzosen in einer Volksabstimmung für oder gegen den Verfassungsentwurf des Europäischen Konvents aussprechen. Die Verfassungsgegner und EU-Skeptiker konnten sich durchsetzen. Knapp 55 Prozent der Franzosen stimmten mit »non«.

oder die nationalen Parlamente ein ausreichendes Mitspracherecht haben. Damit aber ist ein Grundprinzip der Demokratie aufgehoben, nämlich die Gewaltenteilung: Wer die Gesetze macht, darf nicht auch ihre Einhaltung überwachen.

Ganz wichtig für die Demokratie ist darüber hinaus Transparenz. Aber die Sitzungen des Ministerrats finden hinter verschlossenen Türen statt. Auch die »Regierung« der EU, die Kommission, wird nicht von den Bürgern gewählt. Viele Entscheidungen zwischen Kommission, Ministerrat und Europaparlament sind von außen schwer nachvollziehbar. Wenn die EU sich um einen EU-Beitritt bewerben würde, müsste man ihr die Aufnahme wohl verweigern – so hat der ehemals für die Osterweiterung zuständige deutsche EU-Kommissar Günter Verheugen Europas Schwachstellen einmal auf den Punkt gebracht. Der Grund für die Ablehnung: »demokratisch ungenügend«.

Andererseits sind die Zuständigkeiten gerade des Parlaments in den letzten Jahren stetig erweitert worden, sodass man durchaus von einem Demokratisierungsprozess sprechen kann. Diesen Weg muss die EU konsequent fortsetzen. Denn eine Alternative zu einem demokratischen Europa, einem Europa der Bürger, gibt es nicht.

Ist ein Austritt aus der EU möglich? In den bisherigen Verträgen war ein Austritt aus der EU nicht ausdrücklich vorgesehen, aber jederzeit möglich. Und tatsächlich hat er sich auch einmal ereignet. Durch seine Zugehörigkeit zu Dänemark war Grönland 1973 automatisch in die EG aufgenommen worden. Nachdem die Dänen den Grönländern 1979 größere Selbstverwaltungsrechte eingeräumt hatten, entschieden sich diese in einer Volksbefragung mit 52 Prozent gegen den Verbleib in der Gemeinschaft. Im Februar 1985 trat Grönland aus der EG aus.

Europas Vielfalt

Macht das neue Europa aus uns allen demnächst Europäer? Werden wir uns in absehbarer Zeit also nicht mehr in erster Linie als Spanier, Finnen, Griechen, Ungarn, Letten oder Deutsche, sondern vor allem als Europäer fühlen? Aber wie soll das gehen? Denn letztlich ist wohl nichts so europäisch wie Europas Zersplitterung in viele verschiedene nationale, kulturelle und sprachliche Zugehörigkeiten. Dieser merkwürdige Widerspruch – verschieden zu bleiben und doch irgendwie gleich zu werden – ist es, der das neue Europa noch für viele so wenig fassbar macht. Und das liegt eben in erster Linie an Europas Vielfalt.

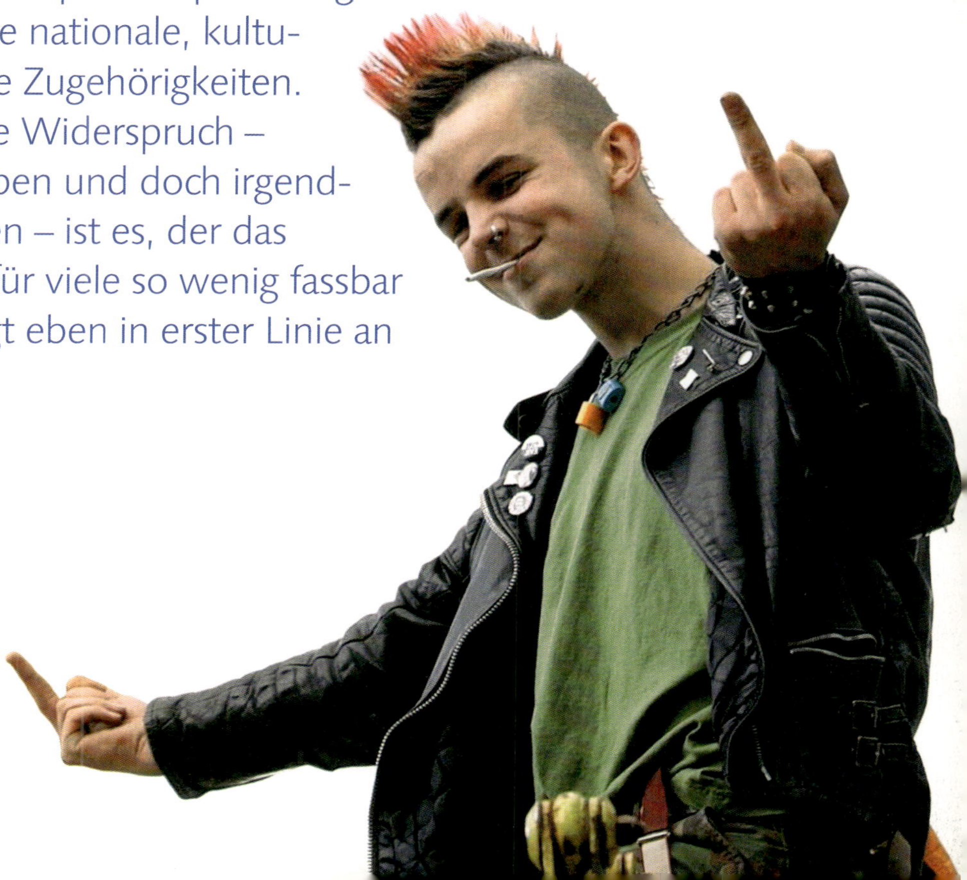

»Europäisch« werden

Von der »Europäischen Union«, von »europäischer Politik« ist immer häufiger die Rede. Es gibt einen Buchpreis für die europäische Verständigung, es gibt den Internationalen Karlspreis zu Aachen, mit dem Verdienste für Europa geehrt werden, es gibt Europareden, einen Europatag, sogar eine Europaflagge. Europa, so heißt es, rückt immer enger zusammen. Und nun stehen wir nah beieinander und wollen uns auch gern irgendwie europäisch fühlen, wissen aber gar nicht, wie das geht. Wie ist es, ein Europäer zu sein?

Nobelpreisträger Den literarischen Durchbruch erzielte er mit den »Buddenbrooks«, der Geschichte einer Familie über vier Generationen, für die er später den Nobelpreis erhielt: Der in Lübeck geborene Schriftsteller Thomas Mann emigrierte 1933 in die USA. Über den englischen Rundfunksender BBC kritisierte er in seinen Aufrufen an die »Deutschen Hörer« die Politik des Dritten Reiches. »Tod in Venedig«, »Der Zauberberg« oder »Doktor Faustus« – fast alle seine Erzählungen und Romane erschienen in vielen Ländern, manche wurden auch verfilmt.

Der Traum von einem geeinten Europa wird schon lange geträumt. Jean-Jacques Rousseau, Victor Hugo, Heinrich Heine, Hermann Hesse, Virginia Woolf, Thomas Mann – um nur einige Namen zu nennen – waren bekennende »Europa-Träumer«. Sie haben als Schriftsteller daran gearbeitet, ihren Traum zu verwirklichen. Zwar hatten sie nicht alle das gleiche Europa im Blick, aber alle wollten ein gemeinsam regiertes Europa, das auf die gewachsene Vielfalt und Verschiedenheit seiner Kulturen stolz ist – in anderen Worten: ein Europa, das sich auch europäisch fühlt.
In der Literatur gibt es so etwas ja durchaus. Die großen europäischen Schriftsteller – etwa der Engländer Shakespeare, der Spanier Cervantes, der Franzose Victor Hugo, der Tscheche Milan Kundera,

der Ungar Imre Kértesz, der Deutsche Günter Grass oder der Litauer/Pole Czesław Miłosz – fanden und finden ja nicht nur in ihren Heimatländern ihr Publikum. Ihre Geschichten werden überall gelesen. Und viele davon sind »europäisch«, weil sie ohne die europäische Geschichte nicht hätten geschrieben werden können. Sie handeln von Krieg und Entwurzelung, von Fremdherrschaft und dem Kampf um Selbstbestimmung, von alten und neuen Heimaten.

Ein europäisches Schicksal
Als Czesław Miłosz 1911 in Litauen geboren wurde, gehörte sein Land zum russischen Zarenreich.
1917 erkämpfte es sich die Unabhängigkeit, geriet dann aber in die Wirren europäischer Machtkämpfe. Die damit einhergehenden Grenzveränderungen und wechselnden Zugehörigkeiten waren typisch für Europa und prägten auch das Leben von Miłosz. 1920 verleibte sich Polen das baltische Land ein. Miłosz wuchs nun polnisch auf und das Polnische wurde seine Sprache.
Im Zweiten Weltkrieg geriet Litauen erst unter sowjetische, dann unter deutsche Herrschaft. Miłosz bekämpfte die Besatzer, musste seine Heimat aber bei Kriegsende verlassen, als Litauen der Sowjetunion zugeschlagen wurde. Auch in Polen, wo sich der Autor nun niederließ, konnte er nicht bleiben. Miłosz ging in die USA. 1980 erhielt er den Literaturnobelpreis. Erst 1990 konnte er nach Polen zurückkehren, wo er 2004 gestorben ist.

Der Wissenskontinent

Ähnlich wie mit der Literatur verhält es sich auch mit den Wissenschaften. Wissen ist international, es lässt sich auf Dauer durch keine Grenzen aufhalten. Und gerade Europa war über Jahrhunderte der Wissenskontinent schlechthin, ein Zentrum großer Ideen, bahnbrechender Erfindungen und einzigartiger Kulturwerke. In Bologna, Paris und Oxford wurden im Mittelalter die ersten Universitäten gegründet. Die Gemeinschaft der Gelehrten und Schüler sorgte für die Verbreitung des Wissens quer über den Kontinent. Der Wettbewerb unter den Universitäten bewirkte eine Revolution des Bildungswesens in Europa. Als Karl IV. in Prag seine Universität gründete, zogen die Habsburger in Wien und die Wittelsbacher in Heidelberg mit eigenen Universitätsgründungen nach. Sie wetteiferten um die besten Gelehrten, denn der gute Ruf »ihrer« Hochschule konnte den eigenen Ruhm mehren.

Wettbewerb der Ideen

Dass Wissen und Wissenschaften in Europa einen so rasanten Fortschritt nahmen, hängt wiederum ganz wesentlich mit der Vielfalt zusammen. Viele unterschiedliche Länder und Kulturen wetteifern untereinander um Macht und Ansehen. So ist der Wissens-Fortschritt gewissermaßen die Kehrseite des ständigen Streits zwischen den Europäern. Denn solcher Streit wird nicht immer auf dem Schlachtfeld ausgetragen, er kann auch in einen Wettbewerb der Ideen münden, in einen Wettlauf um Modernität und Fortschritt. Diese Konkurrenz hat das Wissen und die Wissenschaften stark beflügelt. Denn sie führte unweigerlich zu einem Austausch und dadurch auch zu einer respektvollen Annäherung. Und wer sich mit Respekt begegnet, der wird schnell zu der Einsicht kommen, dass ein Miteinander erfolgversprechender ist als ein Gegeneinander.

Unterschiedliche Ideen, andere Vorstellungen und Gewohnheiten können sich ergänzen sowie auch wechselseitig korrigieren.
In genau dieser Erkenntnis lag dann schließlich auch die Idee des neuen Europas begründet. Diese Idee in der Wirklichkeit umzusetzen, ohne dass daraus dann Einheitlichkeit entsteht, ist allerdings nicht gerade leicht.

Die ersten neuen Europäer?

Ein Ort, an dem man wohl am ehesten den ersten neuen Europäern begegnen sollte, ist Brüssel. Hier haben die wichtigsten Behörden der Europäischen Union ihren Sitz und sind damit beschäftigt, das neue Miteinander der Europäer möglichst gut zu organisieren. Aber auch aus Brüssel erreichen uns Nachrichten, die darauf hindeuten, dass es sogar dort beim Europäischwerden vorerst noch einige Anlaufschwierigkeiten gibt.
Das wurde sogar schon wissenschaftlich erforscht. Um sich ein Bild davon zu machen, wie die EU-Beamten aus den verschiedenen Ländern miteinander zurechtkommen, hat die EU-Verwaltung vor wenigen Jahren eine Untersuchung in Auftrag gegeben. Die britische Wissenschaftlerin Maryon McDonald von der Universität Cambridge reiste nach Brüssel und betrieb dort mehrere Monate lang Feldforschung wie bei einem Indianerstamm an den Ufern des Amazonas. Sie saß in Sitzungen mit dabei, sprach mit den Beamten auf den Fluren und in den Büros und traf sich an den Wochenenden mit ihnen zum Grillen oder zum Wandern.
Der Befund von Maryon McDonald zeigt Europa, wie es ist. Vielfältig, aber auch voller Vorurteile und Missverständnisse.
Da reicht ein Belgier bei der EU-Betrugsbekämpfungsbehörde eine Beschwerde über eine verdächtige Auftragserteilung ein und bekommt vom französischen Sachbearbeiter zu hören: »Sie haben aber eine scheißdeutsche Mentalität.« Die Nordeuropäer klagen über das Chaos und die Desorganisation, die Süd- und Osteuropäer über kleinliche Vorgaben und lebensfremde Genauigkeit. Und alle sitzen in etlichen Konferenzen beieinander, sehen ihre Vorurteile vermutlich zumeist bestätigt, manchmal auch widerlegt – und müssen doch miteinander auskommen.
Brüssel ist damit so etwas wie ein Laboratorium oder, besser noch, ein Freilandversuch zur »Herstellung« der neuen Europäer. Denn nirgendwo ist man den Unterschieden und Fremdheiten, die Europa durchziehen, so sehr ausgesetzt wie dort.

Wie sich die Europäer sehen
Auch bei den EU-Beamten überwiegen noch weitgehend nationale Sichtweisen. Man bleibt eher unter sich und macht sich ein Bild von den anderen. Die Deutschen beispielsweise gelten als plump und überkorrekt, die Niederländer als geizig, die Briten als geschwätzig, die Franzosen als arrogant und die Dänen als schlecht angezogen. Und einen Italiener zum Schweigen zu bringen, so heißt es, sei fast so schwierig, wie einen Finnen zum Reden zu bewegen.

Die fremden Europäer

Die Lebenswelten und Lebensformen auf diesem Kontinent könnten unterschiedlicher kaum sein. Klima und Landschaften, Familientraditionen und Arbeitsalltag prägen das Leben der Menschen, ihre Werte und Einstellungen. Da fällt es zunächst schwer, etwas »Europäisches« zu finden – etwas, was eine Londoner Börsenmaklerin mit einem Fischer auf Sizilien verbindet. Und doch gibt es nicht nur Trennendes, sondern auch viel Gemeinsames.

In Europa, das heißt vom Nordmeer und dem Atlantik im Norden und Westen bis zum Ural und zum Mittelmeer im Osten und Süden leben heute etwa 730 Millionen Menschen. Diese Menschen sind zweifellos Europäer, sie sind aber in erster Linie zunächst einmal die Bürger von zurzeit 46 eigenständigen Staaten – mit jeweils eigenen Regierungen und ihren nationalen, politischen und kulturellen Eigenheiten. Da lässt sich auf den ersten Blick nichts finden, weshalb der Fischer auf Sizilien und die Börsenmaklerin in London irgendeine Art von Gemeinschaftsgefühl empfinden sollten. Wahrscheinlich sind sie beide Anhänger einer christlichen Religion – mehr als 75 Prozent der Europäer sind Christen –, der Sizilianer dürfte Katholik sein, die Engländerin Protestantin.
Allerdings werden sich die beiden kaum über ihren Glauben austauschen können, wenn sie sich begegnen sollten. Denn die

Tänzer aus Tahiti (Französisch-Polynesien), der französischer Staatsbürger ist und an den Wahlen zum Europaparlament teilnehmen darf.

Außereuropäisches Europa

Außerhalb Europas gibt es Gebiete, die europäisch sind. Oft waren sie Teil der ehemaligen Kolonialreiche der Europäer. Die im südlichen Atlantik gelegenen Inseln Bermuda, Falkland oder Sankt Helena gehören zu Großbritannien. Die Antillen in der Karibik sind niederländisch. Die in der Karibik gelegenen Inseln Französisch-Guyana, Guadeloupe, Martinique, Reunion zählen ebenso zu Frankreich wie Französisch-Polynesien im südlichen Pazifik.

Nicht nur in der schwedischen Provinz Lappland, sondern auch im Norden Norwegens, Finnlands und auf der russischen Halbinsel Kola leben rund 70 000 Samen.

Engländerin wird vermutlich kein Sizilianisch sprechen, und der sizilianische Dialekt des Fischers, der selbst für einen Norditaliener schwer zu verstehen ist, ist vielleicht die einzige Sprache, in der sich der Fischer verständlich machen kann.

Europas Sprachen Albanisch, Aragonesisch, Armenisch, Aromunisch, Asturisch, Baschkirisch, Baskisch, Bretonisch, Bulgarisch, Cant, Caló, Dänisch, Deutsch, Englisch, Estnisch, Färingisch, Finnisch, Französisch, Frankoprovenzalisch, Friesisch, Furlanisch, Gagausisch, Galicisch, Griechisch, Gutnisch, Irisch-Gälisch, Ingrisch, Isländisch, Istriotisch, Istrorumänisch, Italienisch, Jämtländisch. Jenisch, Jiddisch, Kalmückisch, Karelisch, Kaschubisch, Karaimisch, Katalanisch, Komi, Kornisch, Korsisch, Krim-Tartarisch, Ladinisch, Lettisch, Ligurisch, Limburgisch, Litauisch, Livisch, Maltesisch, Manx, Mari, Mazedonisch, Meglenorumänisch, Niederländisch, Norwegisch, Okzitanisch, Polnisch, Portugiesisch, Quinqui, Rätoromanisch, Romani, Rumänisch, Russisch, Samisch, Sardisch, Schottisch-Gälisch, Schwedisch, Selonisch, Sephardisch, Serbokroatisch, Slowakisch, Slowenisch, Sorbisch, Spanisch, Tatarisch, Tschechisch, Türkisch, Udmurtisch, Ukrainisch, Ungarisch, Walisisch, Weißrussisch, Wepsisch, Wotisch (und diese Liste ist nicht einmal vollständig).

Lauter Sprachgrenzen

Das europäische Sprachgewirr ist das offenkundigste Merkmal von Europas Vielfalt. Und es ist sogar weit größer als man gemeinhin annimmt. Denn es ist nicht etwa so, dass es in Europa ungefähr so viele Sprachen wie Länder gibt – weniger sogar, da ja beispielsweise auch in Österreich Deutsch oder in Luxemburg Französisch gesprochen wird. Nein, in den 46 europäischen Staaten herrscht ein Gemurmel aus nahezu hundert Sprachen – und die meisten Mundarten und Dialekte, wie das Sizilianische oder das Bayrische zum Beispiel, sind hier gar nicht eingerechnet.
Es gibt viele Sprachen in Europa, von denen die meisten sicherlich noch nie etwas gehört haben, weder den Namen noch den Klang. Aber sie existieren und werden gesprochen. Dabei handelt es sich in der Regel um sogenannte Minderheitensprachen – wie etwa das Bretonische in Frankreich, das Walisische in Großbritannien, das Samische in Finnland oder das Sorbische in Deutschland. Daneben gibt es einige Sprachen, die sich keinem bestimmten Gebiet zuordnen lassen – so etwa das Romani der Sinti und Roma oder das Jiddisch der osteuropäischen Juden. Diese Minderheitensprachen sind offiziell anerkannt und stehen sogar unter dem besonderen Schutz der Europäischen Union. Das heißt, ihr Gebrauch in Wort und Schrift darf nicht eingeschränkt, sondern sollte möglichst gefördert werden.

Das in Schöneberg aufgestellte Schild trägt der multikulturellen Zusammensetzung dieses Stadtteils von Berlin Rechnung: Die Aufforderung, den Rasen nicht zu betreten, findet sich hier neben dem Deutschen auf Türkisch, Serbokroatisch und Italienisch.

Die Roma Früher nannte man sie in Deutschland »Zigeuner«, sie selbst bezeichnen sich als Roma. Man findet in fast allen europäischen Ländern, wie hier in Rumänien, verschiedene der dazugehörenden Volksgruppen, ihre gemeinsame Sprache ist Romani. Unter den Nationalsozialisten wurden sie verfolgt.

Die verschwindenden Europäer

Auch Schutzmaßnahmen werden nicht verhindern können, dass die eine oder andere Sprache im Laufe der Zeit aussterben wird. Ein solches Schicksal droht beispielsweise dem Sorbischen, das bis heute in der wunderschönen Spree-Landschaft der Lausitz gesprochen wird. Dort, in den Bundesländern Brandenburg und Sachsen, leben auf einer Fläche von gerade einmal 100 Kilometern Länge und 50 Kilometern Breite die Sorben, vor allem in Dörfern, aber auch in einigen Städten wie Cottbus, Hoyerswerda und Bautzen. Rund 60 000 Menschen rechnen sich gegenwärtig noch dieser slawischen Volksgruppe zu, die über Jahrhunderte ihre Traditionen, ihre Sitten und Gebräuche, ihren Zusammenhalt und eben ihre Sprache bewahrt hat. Und dies gegen alle Versuche, den Sorben den christlichen Glauben und die deutsche Sprache aufzuzwingen.

Heute haben die Sorben nichts Derartiges mehr auszustehen. Sie sind sogar so etwas wie eine touristische Attraktion und werden deshalb darin unterstützt zu bleiben, wie sie sind. So können die Kinder Schulunterricht in ihrer Muttersprache erhalten, bis zum Abitur. Aber es hilft wohl nichts. Das deutschsprachige Umfeld schleift die sorbische Sprache ab, die Jugendlichen wollen ein modernes Leben. Sie verlieren allmählich die Fähigkeit, sich im Alltag auf Sorbisch zu unterhalten. Nur noch rund 20 000 Sorben beherrschen heute die sorbische Sprache.

Vom Leben als Minderheit
Im 7. und 8. Jahrhundert siedelten sich die Sorben in Sachsen und Brandenburg an. Ihr Heidentum war Karl dem Großen ein Dorn im Auge. 805 schickte er Truppen dorthin, aber die Sorben hielten dem christlichen Ansturm stand; daraufhin ließ der Kaiser eine befestigte Grenze, den Limes Sorbicus, von Magdeburg bis Regensburg errichten. Die Sorben wurden schließlich besiegt und während der folgenden Jahrhunderte von wechselnden Herrschern drangsaliert – man schickte ihnen Lehrer und Priester, um sie eines »Besseren« zu belehren. Aber nichts fruchtete: Aus den Sorben waren keine gottesfürchtigen Deutschen zu machen.

Walisisch ist eine der vielen europäischen Sprachen, die aber kaum jemand außer den Walisern, den Bewohnern von Wales County in Großbritannien, beherrscht. Deshalb ist dieses Schild auf einem Parkplatz zweisprachig gehalten: oben walisisch, unten englisch.

Indogermanisch Die enge Verwandtschaft zwischen vielen Sprachen haben Sprachforscher im 19. Jahrhundert entdeckt, als sie eine starke Übereinstimmung zwischen den germanischen Sprachen und dem in Indien gesprochenen Sanskrit feststellten. Deshalb die Bezeichnung »indogermanisch«. Viele Wortstämme sind allen indogermanischen Sprachen gemeinsam, sie weisen Übereinstimmungen beim Vokabular und in der Grammatik auf. Und diese Gemeinsamkeiten, so fanden die Forscher heraus, sind nicht zufälliger Art, sie sind auch nicht aus wechselseitiger Beeinflussung entstanden, sondern entstammen einer gemeinsamen Wurzel, einer indogermanischen Ursprache. Das zu wissen, erleichtert zwar nicht das Verstehen all dieser Sprachen, es gibt aber Aufschluss über die Entwicklung und die Geschichte der Menschheit – und Europas.

Fremd und doch verwandt

Doch so fremd und unverständlich viele Sprachen für uns auch klingen mögen, die meisten europäischen Sprachen sind vermutlich miteinander verwandt. In Europa, wo so viele Sprachen auf engstem Raum aufeinandertreffen, ist das Erlernen von Fremdsprachen unerlässlich, um mit den Menschen anderer Länder in Kontakt zu treten.

Sprachfamilien

Mehr als 90 Prozent der Einwohner Europas sprechen indogermanische Sprachen (auch »indoeuropäische« genannt). Dazu gehören die slawischen, germanischen, romanischen, baltischen und keltischen Sprachen sowie das Griechische und Albanische. Daneben gibt es noch einige europäische Sprachen aus anderen Sprachfamilien. Finnisch, Ungarisch, Estnisch und das in Lappland gesprochene Samisch beispielsweise gehören zu den »uralischen« Sprachen, das Türkische ist Teil der altaischen Sprachfamilie, und das Maltesische gehört zu den afroasiatischen Sprachen. In welcher Beziehung diese verschiedenen Sprachfamilien miteinander stehen, wie sie entstanden sind, sich verändert, verzweigt und verbreitet haben, ist bis heute noch nicht ausreichend erforscht. Die Zugehörigkeit zu einer anderen Sprachfamilie kann aber erklären, warum uns etwa das Ungarische oder Finnische ganz besonders fremd erscheint.

Mehrheit und Minderheiten

Jede Sprache ist in einem größeren kulturellen und sozialen Zusammenhang entstanden. Und sie prägt ihrerseits diesen Zusammenhang. Sie ist der äußere, hörbare Ausdruck einer von ihren Sprechern geteilten Lebenswelt, einer gemeinsamen Vergangenheit und Gegenwart. Das heißt, jede Sprache ist Ausdruck einer eigenen Kultur, die sich von den anderen, sie umgebenden Kulturen unterscheidet.

Immer und überall gab es in Europa eine herrschende Kultur und andere Kulturen, die beherrscht wurden. Manchmal stellte die beherrschte Kultur sogar die Bevölkerungsmehrheit, wie zum Beispiel in vielen Regionen des Römischen Reiches. Es gab jedoch auch immer Minderheiten, die – wie zum Beispiel die Sorben oder die Basken – versuchten, ihre Kultur und Sprache zu bewahren. Das war den Herrschenden zumeist nicht recht, weshalb sie mit Gewalt und Anpassungszwang reagierten.
Die vielen Konflikte zwischen den europäischen Kulturen und Nationen, zwischen Mehrheit und Minderheiten gehören heute weitgehend der Vergangenheit an. Dabei darf man aber nicht

Das Eigene bewahren Die Sorben, eine slawische Volksgruppe, die in Brandenburg und Sachsen lebt, kämpfen auf einer Demonstration im Jahr 2000 für den Erhalt ihrer kulturellen Identität: Sie haben ihre eigenen Sitten und Bräuche, auch ihre eigene Sprache, das Sorbische, jahrhundertelang gegen alle Widerstände bewahren können.

Schlange und Axt – das ist das Zeichen der spanischen Untergrundorganisation ETA. Jahrelang haben die Spanier gegen die Terrororganisation demonstriert.

Die Untergrundorganisation ETA
Die Basken, zu denen sich heute knapp 3 Millionen Menschen zählen, leben in einer Region, die vom Norden Spaniens bis in den Südwesten Frankreichs reicht. Das »Baskenland«, in einheimischer Sprache »Euskadi«, war im Laufe der Jahrhunderte Römern, Franken und anderen »fremden« Herren unterworfen. 1959 gründete sich die »revolutionäre Untergrundorganisation« ETA (»Euskadi ta Askatasuna«, »Baskenland und Freiheit«) und beging zahlreiche Attentate und Terroranschläge. Im Frühjahr 2006 verkündete sie eine dauerhafte »Waffenruhe«. Inzwischen dürfen sich die Basken im spanischen Baskenland weitgehend selbst verwalten. Das Baskische gilt dort neben dem Spanischen als zweite Amtssprache.

vergessen, dass diese Vergangenheit als Erinnerung fortlebt und unter ungünstigen Umständen wieder zur Gegenwart werden kann. Die Kriege im ehemaligen Jugoslawien, etwa zwischen Serben und Kroaten oder zwischen Albanern und Serben, haben gezeigt, wie schnell auch heute noch aus Nachbarn Feinde werden können. In den meisten Ländern Europas aber werden andere Kulturen und Lebensformen mittlerweile sehr viel besser akzeptiert als früher und häufig sogar als Bereicherung empfunden. Damit die Fehler der Vergangenheit nicht erneuert werden, stehen die Minderheiten, ihre Sprache, ihre Kultur und ihre Religion heute unter dem ausdrücklichen Schutz fast aller Staaten.

Europas Juden

Dass alle Menschen, egal ob Mann oder Frau, dunkel oder hell, arm oder reich, religiös oder ungläubig, die gleichen Rechte haben und dass diese Menschenrechte heute überall anerkannt werden und in den Verfassungen der europäischen Länder gesetzlich geschützt sind, ist eine europäische Errungenschaft, die über Jahrhunderte unter vielen Opfern erkämpft worden ist.
Diejenigen, die den größten Preis für ihre Gleichberechtigung bezahlt haben, sind zweifellos die Juden. Seit sie zu Beginn unserer Zeitrechnung aus ihrem »Heiligen Land«, dem heutigen Israel, vertrieben worden waren, hatten sich viele Juden entlang der Handelswege in ganz Europa niedergelassen. Auch auf dem Gebiet des heutigen Deutschland gibt es bereits seit 2000 Jahren ein

jüdisches Leben. In einer christlichen Umwelt hatten es die Juden als Minderheit aber nirgendwo leicht. Immer wieder wurden sie als Fremde oder »Falschgläubige«, als skrupellose Geschäftemacher oder Verschwörer ausgegrenzt, verfolgt oder vertrieben.

Viele Juden haben durch besondere Leistungen den Fortschritt in Europa maßgeblich vorangetrieben: in der Wissenschaft (zum Beispiel Albert Einstein, Fritz Haber oder Sigmund Freud), in Kunst und Literatur (zum Beispiel Heinrich Heine oder Franz Kafka), in der Wirtschaft (so die Familie Rothschild oder Walther Rathenau). Deutschland oder Frankreich, Österreich oder Tschechien waren ihre Heimatländer, denen sie sich verbunden fühlten. Dennoch schlug ihnen immer wieder und überall Feindseligkeit entgegen. Den grausigen Höhepunkt erreichte die Verfolgung der Juden in Europa mit dem Massenmord an sechs Millionen europäischen Juden während des Dritten Reichs.

Nach den Katastrophen zweier Weltkriege und des Holocausts schienen die meisten Europäer entschlossen, ihr Zusammenleben endlich neu und vor allem friedlich zu gestalten. Untereinander gelingt ihnen das auch immer besser. Dafür rückt nun aber eine andere Grenze immer stärker in das Zentrum der Aufmerksamkeit. Während die Grenzen innerhalb Europas zunehmend an Bedeutung verlieren, sorgen sich die Europäer nun um ihre Außengrenzen. Denn offenbar ist das Projekt »Europa« so erfolgreich gewesen, dass immer mehr Nicht-Europäer hier leben wollen.

Kein Vaterland Selbst große »Verdienste« fürs Vaterland waren für die Juden kein Schutz. Das erlebte der deutsche Jude Fritz Haber, ein brillanter Chemiker, der für seine Ammoniaksynthese 1918 den Nobelpreis erhielt. Ammoniak ist der Grundstoff für Kunstdünger. Mithilfe der Ammoniaksynthese lässt sich aber auch Salpetersäure herstellen, eine Grundsubstanz des im Ersten Weltkrieg eingesetzten Giftgases. Haber wurde für seine »kriegswichtige« Forschung ausgezeichnet und überwachte die ersten Chlorgaseinsätze an der Front persönlich. Als die Nationalsozialisten an die Macht kamen, galt er aber nur noch als Jude. 1933 musste er aus Deutschland fliehen.

Orthodoxe Juden, traditionell in Schwarz gekleidet, legen die jahrtausendealten Regeln ihrer Religion – die Einhaltung der Speisegesetze, der Sabbat-Ruhe und der Riten für die religiösen Feste – auch heute noch sehr streng aus.

Kottbusser Str.
ERNK
fahrschule
JASMIN

Europa und seine Migranten

Überall auf der Welt verlassen Menschen ihre Heimat, weil sie dort, wo sie zu Hause sind, keine Zukunft für sich sehen. Oder sie flüchten vor Krieg und Verfolgung, so wie einst die »Pilgrim Fathers« ihres Glaubens wegen aus England nach Amerika ausgewandert sind. Einwanderer wie sie haben die Vereinigten Staaten von Amerika gegründet.
Bis in die Mitte des 20. Jahrhunderts sind Millionen aus Europa ausgewandert. Inzwischen wollen viele Menschen nach Europa einwandern. Europa braucht sie, möchte aber nicht alle von ihnen aufnehmen. Viele kommen deshalb auf nicht erlaubten, auf illegalen Wegen.

Europa, das gelobte Land

In Afrika gilt Europa als Paradies. Dort haben die Menschen ausreichend zu essen, ein Dach über dem Kopf, und es herrscht Frieden. Afrika hingegen wird immer wieder von Bürgerkriegen und von Hungerkatastrophen geschunden oder von Krankheiten wie Aids heimgesucht, an denen Zehntausende sterben.
Europa hingegen ist das Land der Hoffnung, der Traum vom guten und sicheren Leben. Viele Afrikaner riskieren alles, um hierher zu gelangen, oft über das Meer. Aber auf dem Meer lauert der Tod.

Diesen Afrikanern unbekannter Herkunft wurde die Einreise nach Italien verweigert. Die Besatzung des Flüchtlingshilfsschiffs »Cap Anamur«, an dessen Bord sie sich befinden, kümmert sich um sie.

Ausgelaugt und abgemagert wirkten die etwa 30 Passagiere, die die italienische Küstenwache im Oktober 2003 nachts bei stürmischer See in einem Boot vor Sizilien entdeckte. Einige schienen so erschöpft zu sein, dass nicht einmal das grelle Scheinwerferlicht oder die lauten Rufe der Beamten sie aus dem Schlaf holen konnten.
Erst Seite an Seite mit dem seeuntüchtigen Boot entdeckten die Italiener, dass die vermeintlich völlig übermüdeten Schwarzen in Wahrheit Tote waren: 13 Leichen saßen in dem Boot, das vor der italienischen Ferieninsel Lampedusa gestrandet war. 70 weitere Tote, so berichteten die wenigen Überlebenden, hätten sie schon weiter draußen auf dem Meer über Bord geworfen. Nur 15 der fast hundert »Boatpeople«, die sich im afrikanischen Libyen in die Hand von Schlepperbanden begeben hatten, überlebten die Überfahrt.

Einwanderungskontinent Europa
Bis 1930 verließen mehr als 50 Millionen Menschen den europäischen Kontinent, die meisten wanderten in die Vereinigten Staaten von Amerika aus, wo man es zu etwas bringen konnte. Heute ist (West-) Europa ein Kontinent der Hoffnung, er zieht – nach den USA (20 Prozent) und neuerdings Russland (knapp 6 Prozent) – mit über 5 Prozent die meisten Migranten an, danach folgen Australien und die arabischen Golf-Staaten. Inzwischen leben offiziell 15 Millionen Menschen in Europa, die nicht aus EU-Staaten stammen – vermutlich sind es weit mehr.

Die neue Völkerwanderung

18 Millionen Afrikaner sind auf dem Weg nach Europa, schätzen die Vereinten Nationen, manche sind bis zu zehn Jahre unterwegs. Sie kommen aus Mali, Kamerun oder Ghana, sie sind vor dem Bürgerkrieg im Kongo, vor der Hungersnot im Sudan oder vor dem Chaos in Nigeria geflüchtet; sie haben monatelang den Sahelgürtel durchwandert oder die Wüste Sahara, bis sie endlich in den Hafenstädten Tunesiens oder Marokkos nach Schleppern suchen können, die sie gegen Dollar oder Prostitutionsdienste über das Meer nach Europa zu bringen versprechen. Seit einiger Zeit sind

Die beiden Afrikaner, gezeichnet von den Strapazen ihrer gefährlichen Fahrt über das Meer, wurden vor den zu Spanien gehörenden Kanarischen Inseln aufgegriffen.

die Kanarischen Inseln das bevorzugte Ziel; sie liegen vor der afrikanischen Küste, gehören aber zu Spanien, das unter den Afrikanern als das »toleranteste Land der Welt« gegenüber Ausländern gilt. 500 bis 600 illegale Immigranten landen täglich – beobachtet von den Urlaubern – auf den Kanarischen Inseln, hinzu kommen etwa 5000 Flüchtlinge, die in der ersten Jahreshälfte 2006 das spanische Festland erreichten; 12 000 strandeten an der italienischen Ferieninsel Lampedusa.

Gefährliche Reise

Jeder Versuch, die illegalen Einfallstore nach Europa zu schließen, macht die Reise der Flüchtlinge noch gefährlicher: Seit Spanien auf Marokko eingewirkt hat, die Kontrollen zu verschärfen, versuchen die meisten Flüchtlinge ihr Glück von den Küsten Senegals aus, das viel weiter südlich in Westafrika liegt. Dadurch sind aus anfänglich 100 Kilometern Meeresüberfahrt 2500 Kilometer geworden. Die Flüchtlinge sind nicht mehr nur Tage unterwegs,

Schlepper und Schleuser Für viel Geld schicken Menschenhändler ihre »Kunden« an die italienische Küste, nach Griechenland oder nach Spanien, dorthin meist über die Meeresstraße von Gibraltar, die bei den Flüchtlingen als »Europas größtes Wassergrab« bekannt ist. Für die illegale Einwanderung nach Europa wird auf afrikanischen Internetseiten geworben: »Dort hast du eine kostenlose Unterkunft und wirst auch noch gratis telefonieren können.«

Verstärkte Festung Nachdem Tausenden die Überwindung des Zauns in Melilla gelungen war, wurde er erhöht und verstärkt, zusätzlich wird auf beiden Seiten inzwischen Militär eingesetzt, um dem Flüchtlingsstrom Einhalt zu gebieten. Außerdem soll noch ein dritter Zaun gezogen werden, ein Drahtlabyrinth, drei Meter breit und umgeben von sogenannten Stacheldrahtkissen. 26 Millionen Euro kostet der technische Aufwand.

Spaniens Flagge über Ceuta, die – wie auch die Stadt Melilla (rechtes Bild) – in Marokko liegt, aber zu Spanien und damit zur Europäischen Union gehört. In beiden Städten versuchen viele Afrikaner, nach Europa zu gelangen.

sondern Wochen. Obwohl es sich unter den Fluchtwilligen herumgesprochen hat, wie gefährlich eine solche Überfahrt ist, warten Zehntausende an den afrikanischen Ufern auf eine ähnliche Chance. Weder Warnungen noch Gefahren können sie aufhalten. Selbst nach einem Rückschlag machen die meisten einen neuen Anlauf. Wer gescheitert in sein Heimatdorf zurückkommt, würde sein Gesicht verlieren. Denn oft hat das ganze Dorf seine Ersparnisse zusammengelegt, um einen der ihren nach Europa schicken zu können. Alle hoffen, dass er durchkommt und dann Geld nach Hause schickt.

Sturm auf Europa

Wer die Gefahren des Meeres scheut, wandert nach Marokko. Hier, an der Nordspitze des afrikanischen Kontinents, liegen zwei Städte, die zu Spanien und damit zur Europäischen Union gehören: Ceuta und Melilla. Seit die Spanier im Süden ihres Landes ein elektronisches Überwachungssystem errichtet haben, dem kaum etwas entgeht, versuchen immer mehr Schwarzafrikaner, an dieser Stelle nach Europa zu kommen. Ein zehn Kilometer langer und drei bis sechs Meter hoher Doppelzaun, gekrönt von Stacheldraht, soll sie daran hindern; er trennt in Ceuta und Melilla Afrika von Europa. Nacht für Nacht schleichen sich Hunderte an

Weißrussische Grenzschützer nehmen an der Grenze zu Polen illegale Einwanderer fest.

den Zaun, legen ihre selbst gebastelten langen Leitern an und versuchen, den Stacheldraht zu überwinden. Die allermeisten werden von der spanischen Polizei mit Knüppeln und Gummigeschossen auf marokkanisches Terrain zurückgetrieben. Aber einige kommen im Schutz der Dunkelheit durch. Haben die Flüchtlinge erst einmal ein EU-Land erreicht, können sie sich in vielen Ländern ziemlich frei bewegen.

Illegale Erntehelfer Als der spanische Regierungschef vor einigen Jahren 700 000 illegal nach Spanien Eingereisten eine Aufenthalts- und Arbeitsgenehmigung verlieh, weil sie bei der Ernte gebraucht wurden, reagierte der französische Innenminister erzürnt: Er sah alle europäischen Anstrengungen, die illegale Einwanderung nach Europa zu verhindern, durch ein solches Handeln torpediert.

Die Außengrenze der EU

Mit dem Schengener Abkommen wurden 1985 die Binnengrenzen zwischen den EU-Staaten aufgehoben, zugleich entstand eine neue Außengrenze der EU, die im Süden an Afrika, im Osten an die Ukraine und Russland, im Südosten an Rumänien, die Türkei und die Balkanstaaten, unter anderem an Kroatien, Serbien, Bosnien, grenzt. Langfristig soll sie durch eine Europäische Grenzpolizei gesichert werden. Bis es so weit ist, will man die nationalen Grenzschützer an den Außengrenzen der EU mit hochempfindlichen Bewegungsmeldern, Infrarotsuchgeräten, Hightech-Abwehrgeräten und vernetzten Datensystemen schlagkräftiger machen.
Bis zu zwei Millionen Menschen dringen jedes Jahr illegal in die Europäische Union ein, die genaue Zahl kennt man nicht. Die Schlepper raten den Flüchtlingen, ihre Personalpapiere vor der

Illegale Einwanderer aus Nordafrika werden vor der sizilianischen Insel Lampedusa von einem Boot der italienischen Küstenwach aufgebracht. Sie werden abgeschoben.

Reise zu vernichten, damit sie nicht identifizierbar sind. Das verhindert ihre Abschiebung – denn in welches Land soll man sie schicken? Die spanischen Behörden können derzeit nur jeden zehnten Illegalen wieder zurückschicken, alle anderen müssen nach 40 Tagen auf freien Fuß gesetzt werden.

Bezahlter Menschenschmuggel
Die Schwierigkeiten, die besonders Afrikaner haben, ein Visum zu bekommen, begünstigen skrupellose Geschäftemacher. Im August 2003 wurde »Papa Bemba« verhaftet, der aus dem Kongo stammende »König« der Rumba-Musik, der auch in westeuropäischen Ländern Konzerte gab. Er hatte mehr als 200 Kongolesen als Mitglieder seiner Band nach Europa geschmuggelt – zuletzt für 4500 Dollar pro Kopf.

Visumzwang

Wer legal in einen EU-Staat einreisen möchte, muss für die Einreise ein Visum beantragen – dies erhält nur, wer eine Krankenversicherung und eine finanzielle Deckung seines Aufenthalts vorweisen kann. Um die Personalpapiere fälschungssicher zu machen, sollen sie in Zukunft einheitlich gestaltet und mit biometrischen Daten individuell gekennzeichnet werden, beispielsweise durch Fingerabdrücke oder Irisabbildungen. So hofft man, die Zahl der Einwanderer beschränkt halten zu können – was Fachleute bezweifeln. Erfolgversprechender wäre es, in den afrikanischen Staaten selbst etwas gegen Armut und Verzweiflung zu tun. Europa müsste Handelsbarrieren und Zollschranken gegenüber Afrika abbauen, so könnte es dem armen »Süden« Zukunftschancen eröffnen. Die erfolgreichsten »Entwicklungshelfer« sind die Migranten selbst: Die Gelder, die sie Jahr für Jahr ihren Familien in der Heimat überweisen, machen mehr als das Doppelte der weltweiten Entwicklungshilfe aus.

Arbeitsmigranten

Nach dem Zweiten Weltkrieg wurden in Europa Arbeitskräfte gebraucht. Frankreich warb viele Migranten an. Auch die Bundesregierung holte Menschen aus Italien, Griechenland und der Türkei. Die meisten von ihnen hatten nur wenige Jahre eine Schule besucht. Man glaubte bei uns, für ihre Fortbildung nichts tun zu müssen. Sie galten als Gastarbeiter – und Gäste gehen irgendwann wieder. Viele sind aber geblieben. Wir haben sie weder besonders gefördert noch gefordert. Das rächt sich heute: Denn Arbeitsplätze für Menschen ohne Ausbildung gibt es in Europa immer weniger.

Migrantenrekord Migration bedeutet Wanderung. Hunger und Armut sind es, die Menschen dazu veranlassen, aus- und in ein anderes Land einzuwandern. Auswanderer nennt man »Emigranten«, Einwanderer »Immigranten«. Fast 200 Millionen Menschen leben dauerhaft außerhalb ihres Geburtslandes.

Um die gezielte Anwerbung hoch und höchst qualifizierter Ausländer wird ein heftiger internationaler Wettbewerb ausgefochten. Während die USA, Kanada oder Australien Einwanderer mit attraktiven Arbeitsmöglichkeiten aktiv anzuwerben versuchen, sind sie in den EU-Staaten immer schon umstritten gewesen und sind auch heute nicht vorbehaltlos akzeptiert. Europas »Fremde«, die meisten von ihnen Muslime, stehen schnell unter Verdacht, kriminell oder Terroristen zu sein, die die innere Sicherheit bedrohen.

Aber ob seine Bürger es nun wollen oder nicht – Europa wird mehr und mehr zu einem Einwanderungskontinent. Die Zahl der Zuwanderer allein aus Afrika hat sich in der Zeit von 1995 bis 2002 vervierfacht. Aber auch aus anderen Teilen der Welt kommen die Menschen: Bulgaren nach Tschechien, Russen und Türken nach Deutschland, Vietnamesen nach Frankreich, Inder nach England.

Unter den EU-Ländern beherbergt Deutschland den größten Anteil an Migranten, nämlich mehr als die Hälfte. Einige Länder, Belgien und Frankreich zum Beispiel, haben als ehemalige Kolonialmächte eine wesentlich längere Einwanderungstradition als die meisten europäischen Staaten, da sie den Bürgern ihrer Kolonien lange schon erleichterten Zugang zum Mutterland gewährt haben. Andere, wie beispielsweise Italien, Griechenland, Portugal und Spanien, waren bis vor wenigen Jahrzehnten selbst noch Auswanderungsländer – aus ihren Armutsregionen wurden die Gastarbeiter in den 1950er- und 1960er-Jahren nach Deutschland geholt.

Verschleierte Frauen in Deutschland Für traditionelle Muslime besteht eine strenge Trennung zwischen der Welt der Frauen und der Welt der Männer. In ihren Augen haben Frauen in der Öffentlichkeit nichts zu suchen. Und wenn sie das Haus verlassen, sollen sie sich mit dem »Schleier« verhüllen.

Mobilität – nein danke Für die meisten Europäer zählt die »Freiheit, in der EU zu reisen und zu arbeiten«, zu den wichtigsten Errungenschaften der Union. Aber sie machen keinen Gebrauch davon: Nur 2 Prozent verlassen ihre Heimat, um in einem anderen EU-Staat zu leben.

Lobbyarbeit Oft steckt hinter den Abschottungen des Arbeitsmarktes die Lobby einer Branche, die Druck ausübt. So dürfen polnische Pflegerinnen, die von deutschen Familien zur Betreuung ihrer alt gewordenen Eltern händeringend gesucht werden, in Deutschland nicht als »Pflegerinnen« arbeiten. Wer sie einstellt, muss mit einer Anzeige rechnen. Die Lobby der Pflegeverbände, die die billige Konkurrenz aus Mittel- und Osteuropa fürchtet, hat sich bisher durchgesetzt.

Unliebsame Konkurrenz

Aber inzwischen sind die Jahre der boomenden Wirtschaftsentwicklung vorbei, in denen die Nachfrage nach Arbeitskräften das Angebot überstieg. Besonders Deutschland und Frankreich fürchten, dass ihre ohnehin hohe Zahl von Arbeitslosen durch die billige Arbeitskraft von Zuwanderern noch ansteigen könnte. Selbst innerhalb der Europäischen Union werden die nationalen Arbeitsmärkte immer mal wieder »dichtgemacht«, um sich gegen unliebsame Konkurrenz aus anderen Mitgliedsländern zu schützen.

Nach der Osterweiterung 2004, mit der zehn neue Staaten in die Union aufgenommen wurden, haben nur Großbritannien, Irland und Schweden ihre Arbeitsmärkte den Arbeitnehmern aus den neuen Mitgliedstaaten in Mittel- und Osteuropa zugänglich gemacht. Ihre Wirtschaft hat davon profitiert. Andere europäische Länder sind ihrem Beispiel – mit gewissen Einschränkungen – gefolgt, nur Deutschland und Österreich nicht. Sie sprechen von »Übergangsfristen«, in denen sie ihren Arbeitsmarkt noch geschlossen halten möchten, aber diese »Fristen« werden inzwischen durch immer weitere Jahre verlängert. Dem Geist der Europäischen Union widerspricht ein solches Verhalten.

Qualifizierte und Unqualifizierte

87 Prozent der Zuwanderer in die Europäische Union sind schlecht oder gar nicht ausgebildet, und die meisten dieser Unqualifizierten kommen nach Deutschland. Nur jeder Zehnte unserer Migranten gehört zu den gut ausgebildeten Kräften.

Ganz anders Großbritannien: Das Land kann sich rühmen, dass zwei Drittel seiner Zuwanderer bestens ausgebildet sind. Seit 2002 verfügt England über das »Highly Skilled Migrant Programme«, ein Programm für Migranten mit besonderen Fähigkeiten. Wer aus dieser Gruppe gern nach England einwandern möchte, muss eine bestimmte Mindestpunktzahl vorweisen, die er beispielsweise für Sprachkenntnisse, Berufserfahrung oder für seine Qualifikationen erwerben kann. Auch Tschechien wirbt mit einem ähnlichen Programm gezielt Facharbeiter aus Bulgarien, Kroatien und Kasachstan an.

Kopftuchstreit Europas Zuwanderer stammen aus einer wachsenden Zahl von Herkunftsländern. Diese Verschiedenheit ist für das Zusammenleben nicht immer leicht. Streit gibt es immer wieder um das Kopftuch. In Frankreich hatten sich drei Schülerinnen 1989 geweigert, ihr Kopftuch im Unterricht abzunehmen und waren daraufhin vom Unterricht ausgeschlossen worden. Andere machten es ihnen nach. 2004 untersagte der französische Staat das sichtbare Tragen aller religiösen Symbole an Schulen. Auch in Deutschland protestierten – wie hier 2004 auf einer Demonstration – viele Muslime gegen eine solche Einschränkung.

Dass jedes hochindustrialisierte Land »höchstqualifizierte« Einwanderer braucht, ist unstrittig. Streit gibt es in der EU hingegen um die gering qualifizierten Zuwanderer, die jahrzehntelang als zeitlich befristete Arbeitskräfte besonders für die Gemüse- oder Obsternte angeworben wurden.
Viele Politiker der Europäischen Union möchten heute vor allem ihre eigenen Arbeitslosen (8,5 Prozent im EU-Durchschnitt) untergebracht wissen. Das stößt auf Ablehnung bei den Landwirten, besonders in Deutschland. Deutsche Arbeitslose, so klagen die Bauern, seien oft nicht motiviert genug oder zu oft krank.
Deutschland braucht Einwanderer, Europa braucht Einwanderer, möglichst mehr Hoch- oder Höchstqualifizierte. Kritiker werfen der EU vor, dass sie bei der Anwerbung bestausgebildeter Spitzenkräfte nicht erfolgreich genug ist; sie könne selbst die eigenen europäischen Top-Leute nicht halten. Europa leide unter einem »braindrain«, dem Verlust gut ausgebildeter Kräfte, von denen viele den Lockrufen der USA oder Kanadas folgen, wo ihnen bessere Arbeitsbedingungen geboten werden.
Hinzu kommt: Europa ist ein alternder Kontinent, seine Bevölkerung schrumpft. Die niedrige Geburtenrate wird künftig große Löcher in unser Netz aus Wohlstand und sozialen Sicherungssystemen reißen, die uns bisher gegen Krankheit, Alter und Arbeitslosigkeit geschützt haben.

Muslimische Gebetshäuser
In Deutschland gibt es etwa zwei- bis dreitausend Moscheen, niemand kennt ihre genaue Zahl. Nicht alle sehen aus wie diese Moschee in dem Berliner Bezirk Neukölln. Manche sind in tristen Hinterhöfen oder in aufgegebenen Werkstätten zu finden, andere in bester Lage. Es kommt ganz darauf an, wer sie finanziert – die in Vereinen organisierte Gemeinschaft der Gläubigen, Spender oder auch staatliche Stiftungen aus arabischen Ländern.

Europa wird alt

Zuwanderer Um das Verhältnis der Älteren zu den Erwerbstätigen auf heutigem Niveau zu halten, müssten bis 2050 fast 700 Millionen nach Europa einwandern. Die EU würde dann nahezu 1,2 Milliarden Menschen beherbergen, von denen 80 Prozent Zuwanderer wären oder deren Nachkommen.

Migranten-Getto Nirgendwo in Europa ist die Zahl der Migrantenkinder, die die Schule ohne Abschluss verlassen, so hoch wie in Deutschland: 25 Prozent. Mehr als 40 Prozent der türkischstämmigen Schulabgänger finden keinen Ausbildungsplatz. Eine der Ursachen liegt in der mangelhaften Beherrschung der deutschen Sprache. In den sogenannten »Parallelgesellschaften«, beispielsweise von Duisburg-Marxloh, wird das Deutsche im Alltag nicht gebraucht: Im Supermarkt, Reisebüro und Döner-Imbiss wird türkisch gesprochen. Nur 4 Prozent der bei uns lebenden Türken sprechen im Alltag ausschließlich deutsch.

Um den jetzigen Bevölkerungsstand in den Staaten der Europäischen Union aufrechtzuerhalten, müsste jede Frau durchschnittlich 2,1 Kinder gebären: tatsächlich aber sind es nur 1,3 Kinder.
In Afrika leben 700 Millionen Menschen, die Mehrzahl ist jung und arm. In der EU leben 450 Millionen Menschen, die meisten sind – gemessen am afrikanischen Standard – reich und alt. Zuwachs kann Europa sich nur von seinen Einwanderern erhoffen.

Nach den Prognosen der Vereinten Nationen werden zwischen 1995 und 2050 die Einwohnerzahlen in nahezu allen Ländern Europas dramatisch sinken, einige – beispielsweise Italien – werden zwischen einem Viertel und einem Drittel ihrer Bevölkerung verlieren. In Deutschland werden statt der 82 Millionen Einwohner von heute nur noch 59 Millionen leben. Eigentlich doch gar keine unangenehme Vorstellung, könnte man denken: Endlich kleinere Klassen, weniger Studenten und jeder wird einen Arbeitsplatz bekommen.
Die Wirklichkeit wird leider anders aussehen: Züge werden stillgelegt, weil sich ihr Betrieb aufgrund zu geringen »Fahrgastaufkommens« nicht mehr lohnt. Ganze Wohnblocks werden, wie jetzt schon in den neuen Bundesländern, abgerissen, weil es immer weniger Mieter gibt. Unternehmen werden weiter aus Deutschland abwandern, weil hier die Zahl ihrer Kunden zu klein ist. Und Schulen und Universitäten werden wir uns nicht mehr in der Zahl und in der Ausstattung leisten können wie heute – wer soll die Steuergelder aufbringen, um sie zu finanzieren?

Die Deutschen sterben aus

Die Zahl der Deutschen, die durch Arbeit die Steuerkassen füllen, wird etwa um die Hälfte zurückgehen. Wer wird die künftigen Rentner finanzieren? Heute »tragen« vier Erwerbstätige einen Rentner; wollten wir dieses Zahlenverhältnis halten, müsste Deutschland jährlich mehr als 3 Millionen Einwanderer anwerben – in den letzten 50 Jahren sind 8 Millionen Migranten zu uns gekommen. Eine so hohe Zahl an »Fremden« wäre politisch nicht durchsetzbar. Hinzu käme: Die meisten von ihnen müssten hoch qualifizierte Arbeitskräfte sein, denn Arbeitsplätze für gering Qualifizierte hat auch Deutschland kaum noch zu bieten.

Weniger Junge, mehr Alte

Die Zahl der Erwerbstätigen wird in der Europäischen Union bis 2050 um fast die Hälfte schrumpfen. Und zwar nicht nur im »alten«, auch im »neuen« Europa. Die neuen EU-Mitglieder der Osterweiterung von 2004 verstärken den europäischen Bevölkerungsrückgang: Nirgendwo auf der Welt sind die Geburtenraten so niedrig wie in Mittel- und Osteuropa. Lettland, Estland, Litauen und Slowenien werden bis 2050 nahezu ein Drittel ihrer Bevölkerung verlieren.

Eine Gesellschaft der Alten

Dafür wird in allen europäischen Ländern das Durchschnittsalter so hoch wie noch nie sein. Spanien liegt an der Spitze mit 55 Jahren, gefolgt von den Niederlanden mit 53 Jahren. Schon bis 2030 wird sich der Anteil der über 60-Jährigen in der Europäischen Union verdoppeln.

Das wird vermutlich nicht nur das Ende unserer bisherigen Renten-, Kranken- und Arbeitslosenversicherung sein, sondern es wird unsere Gesellschaft auch weniger offen für Neuerungen machen. Ältere sind in der Regel eher auf Bewahrung des Erreichten erpicht, nicht auf Neues.

Und außerdem: Wer möchte schon auf Dauer unter lauter alten und kinderlosen Menschen in einem allmählich leerer werdenden Land leben?

Wie wird Europas Zukunft aussehen?

Abwerbung Die Vereinten Nationen werfen den Industrieländern vor, dass sie den Entwicklungsländern die ohnehin wenigen Fachkräfte abwerben. Der »Braindrain«, der Verlust hoch qualifizierter Arbeitskräfte, hat für die Armen dramatische Konsequenzen. Ein Beispiel: Ein Viertel aller »Krankheitslasten« trägt Afrika, aber nur 1,3 Prozent aller im Gesundheitswesen Beschäftigten sind auf dem Schwarzen Kontinent tätig. Viele wurden abgeworben, auch von europäischen Staaten.

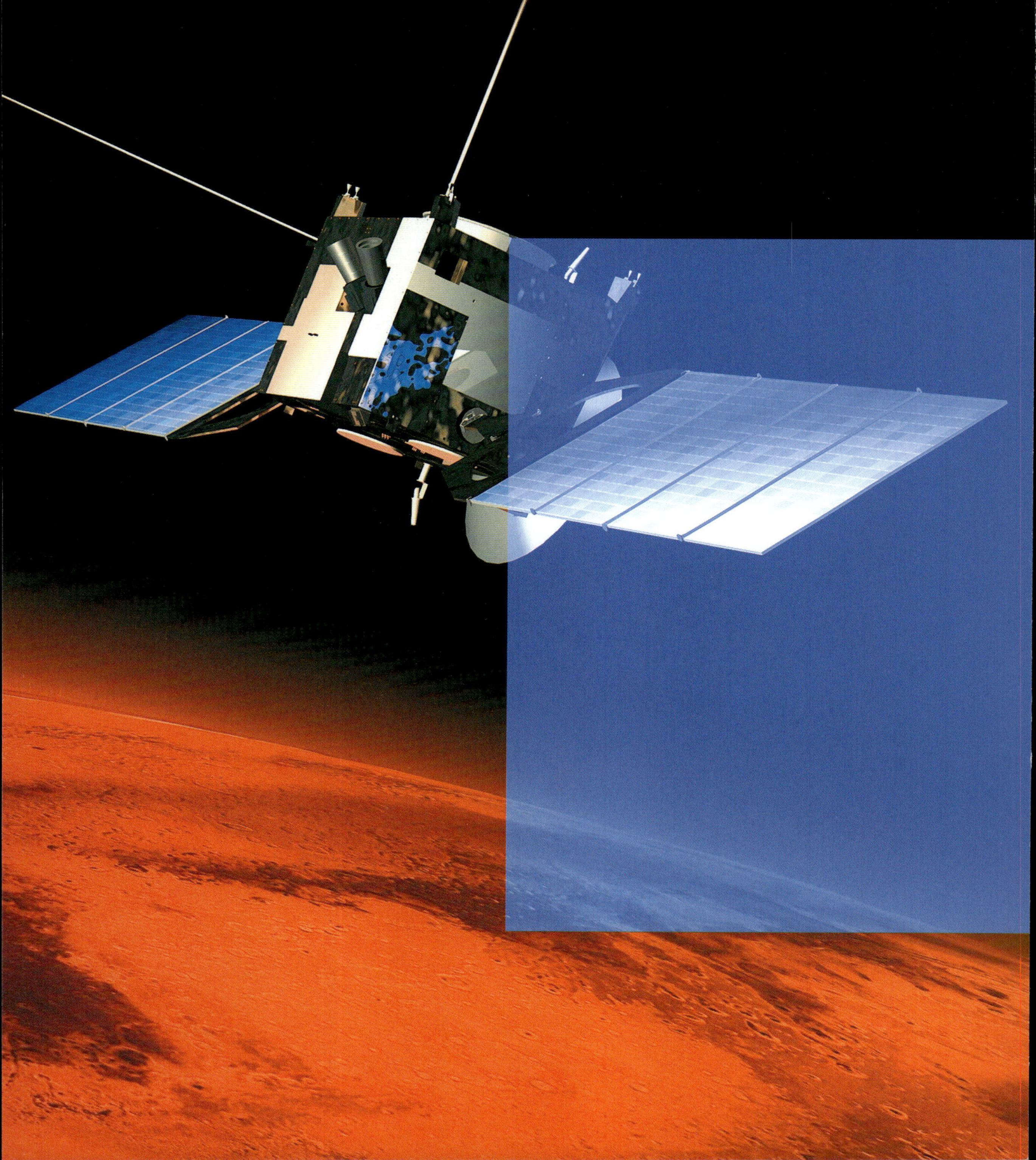

Europa im 21. Jahrhundert

Der rauer werdende globale Wettbewerb hat Europa längst erreicht: Arbeitsplätze werden heute vielfach dorthin verlagert, wo die Arbeit am billigsten ist. Während die Bevölkerungszahlen in Ländern wie Indien und China ständig zunehmen, schrumpfen sie in einem überalterten Europa. Und doch leben die Europäer im weltweiten Maßstab nach wie vor in großem Wohlstand und in beneidenswerter Sicherheit. Viele Menschen aus Afrika und aus Teilen Asiens drängt es hierher. Die Türkei möchte – von den einen befürwortet, von den anderen abgelehnt – der Europäischen Union beitreten.
Nach innen wie nach außen steht Europa vor großen Herausforderungen, die es nur in einer gemeinsamen Anstrengung meistern kann. Wie wird sich Europa im 21. Jahrhundert behaupten?

Europa und die Globalisierung

Ist es in Zeiten fortschreitender Globalisierung überhaupt noch nötig, dass die europäischen Staaten immer enger zusammenarbeiten? Ist der gemeinsame europäische Markt angesichts der ohnehin eng verflochtenen Weltwirtschaft nicht schon wieder von gestern? Liegen die Märkte und Chancen der Zukunft nicht vielmehr in China oder Indien mit ihren enorm wachsenden Bevölkerungen und Volkswirtschaften? Welche Rolle wird, kann, soll Europa in der Welt künftig einnehmen?

Per Mausklick die neueste DVD in den USA bestellen, sein Geld bei einer spanischen Internetbank anlegen, in Chatrooms Bekanntschaften mit Neuseeländern und Isländern machen – Waren und Dienstleistungen, Geld und Informationen bewegen sich heute mit rasender Geschwindigkeit rund um den Globus. Vor dem Computer-Bildschirm, so scheint es, sind die Gesetze von Raum und Zeit praktisch aufgehoben. Das ist die für viele inzwischen alltägliche Praxis der Globalisierung.
Dabei ist das, was wir mit dem Wort »Globalisierung« bezeichnen, gar nicht so neu, wie es uns vorkommt. Fernhandel und weltweite Kommunikation, international agierende »Konzerne« und grenzenlose Gewinne gibt es schon seit Hunderten von Jahren. Die Globalisierung nahm im Europa des Mittelalters ihren Anfang.

Neben dem Computer und dem Handy steht der Container für die zunehmende Verflechtung der Welt im Zuge der Globalisierung. Riesige Containerschiffe fahren heute auf den Weltmeeren. Sie können Transporte in einer bisher ungekannten Größe bewältigen.

Viele Gewürze aus fremden Ländern waren früher teuer. Mit ihnen konnte man Lebensmittel haltbar machen oder Krankheiten heilen. Die Türken und die Araber monopolisierten im Mittelalter den Handel mit Gewürzen aus Indien, später wurden sie von mächtigen Kaufleuten aus Venedig verdrängt.

Der Beginn der modernen Ökonomie

An Europas Flüssen und Küsten erblühten ab dem 12. Jahrhundert zahlreiche Hafenstädte und Handelszentren mit einem stetig erweiterten Warenangebot. Neben Wolle aus England, Silber aus dem Schwarzwald, Salz aus Lüneburg, Fellen aus Russland oder Stoffen aus Flandern wurde auch mit Gewürzen aus Indien, Edelmetallen aus Afrika und Seide aus China gehandelt. Dieser überregionale Wirtschaftsverkehr veränderte das Leben: Er öffnete die Märkte, Banken und Versicherungen entstanden, die Verkehrswege wurden ausgebaut und einheitliche Regeln und Währungen anerkannt – es war der Beginn der modernen Ökonomie.

Die erste europäische Wirtschaftsgemeinschaft

Lange vor der EU gab es in Europa bereits eine Wirtschaftsgemeinschaft, in der unbehinderter Warenverkehr, Zollfreiheit, Währungsgemeinschaft und freier Kapitalverkehr galten.
Im 12. Jahrhundert schlossen sich Kölner Kaufleute zu einer »Gemeinschaft der Kaufleute des Römischen Reichs« zusammen. Aus dieser »Union« entwickelte sich ab dem 13. Jahrhundert ein mächtiger europäischer Bund, der über Jahrzehnte den Handel in Nord- und Osteuropa beherrschte: die Hanse. Zeitweilig gehörten ihr nahezu 200 See- und Hafenstädte Nordeuropas an.

»Geldmänner« Schon im 12. Jahrhundert entstanden in Norditalien die ersten Banken, die Wertbriefe ausstellten. Gegen eine Gebühr (Zinsen) konnten sie bei Vertrauensleuten in anderen Städten eingelöst werden. Solche Zinsgeschäfte machten die »Geldmänner« oft auf Bänken vor ihren Häusern, weshalb man sie »bancherii« nannte. Die Banken wurden bald unentbehrlich. Unter Jakob Fugger (1459–1525), »dem Reichen«, stieg das Handelshaus Fugger zur größten europäischen Bank auf. Fugger verlieh Geld an Herzöge, Könige, Kaiser und Päpste, beglich ihre Schulden und finanzierte ihre Wahlkämpfe.
Im Gegenzug forderte er umfangreiche Handelsprivilegien.

VW – ein deutsches Unternehmen
Auch der traditionelle deutsche Automobilkonzern VW hat sich längst auf die Globalisierung eingestellt. So betreibt das Unternehmen heute Werke in Belgien, Bosnien-Herzegowina, Großbritannien, Italien, Polen, Portugal, Spanien, Slowakei, Tschechien, Ungarn, Mexiko, Argentinien, Brasilien, Südafrika, Indien und China. Mehr als 200 000 Mitarbeiter sind außerhalb Deutschlands für VW tätig, während der Konzern im Inland nur noch rund 100 000 Beschäftigte hat. Auch aus dem Straßenbild der chinesischen Hauptstadt Beijing sind Plakate, die für VW werben, nicht mehr wegzudenken.

Globaler Wettbewerb

Die frühe Globalisierung hat Europas wirtschaftlichen Aufschwung entscheidend angestoßen. Heute dagegen sehen sich viele Europäer der Konkurrenz aus China, Indien oder Russland nicht mehr gewachsen – Globalisierung ist zum Schreckenswort geworden. Arbeit wird in Billiglohnländer »ausgelagert« oder »wegrationalisiert«, um kostengünstiger als andere Anbieter auf dem Weltmarkt aufzutreten. Der Verlust von Arbeitsplätzen wiederum bedroht unseren Sozialstaat und den in der EU-Verfassung verankerten staatlichen Auftrag, für soziale Sicherheit und soziale Gerechtigkeit seiner Bürger zu sorgen und diese vor Notlagen wie Krankheit, Alter oder Arbeitslosigkeit zu schützen. Solche Errungenschaften, so befürchten viele, werden mehr und mehr dem wirtschaftlichen Wettbewerb geopfert.
Dass massenhaft Arbeitsplätze in Billiglohnländer ausgelagert würden, ist eine sich hartnäckig haltende Befürchtung. Tatsächlich aber sind nach einer 2006 veröffentlichten EU-Studie in den Jahren 2004 und 2005 – also unmittelbar nach der großen EU-Erweiterung – nur etwa 1,5 Prozent der Arbeitsplätze aus den alten EU-Ländern ausgelagert worden. Gleichzeitig haben alle diese Länder von dem größeren Markt profitiert, indem sie ihre Exporte in die neuen Mitgliedsstaaten deutlich steigern konnten. Und dadurch sind die einheimischen Arbeitsplätze sicherer geworden.

Europaskepsis

Dennoch verbünden sich die Ängste vor den Folgen der Globalisierung mit einem wachsenden Zweifel an der Europäischen Union, die als starker Anwalt der Wettbewerbsfreiheit auftritt. Ein hierfür eigens ernannter Kommissar droht jedem Land oder Unternehmen mit Strafen, das sich von der Konkurrenz abzuschotten, den Wettbewerb zu behindern oder ihn durch Regeln einzuschränken versucht.
Nicht nur Globalisierungskritiker werfen der EU vor, zu einseitig ökonomisch ausgerichtet zu sein und das Soziale zu vernachlässi-

Die Schuhe und Sporttextilien der Weltmarke Adidas entstehen heute in vielen verschiedenen Ländern: Stammsitz des Konzerns ist das fränkische Herzogenaurach, wo die Firma einst entstand; aber der Einkauf wird in Hongkong getätigt, das Marketing in Amsterdam, das Design in Tokio und in New York. Gefertigt werden Schuhe und Textilien fast ausschließlich in asiatischen Ländern.

gen. Zwar verfolge die EU soziale Ziele, wie die Förderung von Beschäftigung, die Verbesserung der Lebens- und Arbeitsbedingungen, die Stärkung der Arbeitnehmerrechte, die Chancengleichheit von Frauen und Männern und ein hohes Sozialschutzniveau. Die Wirtschafts- und die Wettbewerbspolitik hätten aber eindeutig ein größeres Gewicht und würden den sozialpolitischen Zielen oftmals entgegenarbeiten, indem bewährte Regeln – etwa im Kündigungsschutz – zugunsten der Unternehmer aufgeweicht würden.

Die Zukunft heißt: mehr Bildung

Die Globalisierung nimmt auf Ländergrenzen keine Rücksicht. Heute spielt es keine Rolle mehr, wo ein Produkt hergestellt wird. Transport und Kommunikation sind weltweit vernetzt und haben sich extrem beschleunigt; die Kosten dafür sind billiger denn je. Um im globalen Kosten- und Preiswettbewerb mithalten zu können, muss man entweder bessere Qualität als andere bieten oder über ausreichend Marktmacht, das heißt über viel Geld und Wissen verfügen. Oder man muss etwas können und anzubieten haben, was andere nicht können.

Ein europäisches Studiensystem
1999 haben sich 40 europäische Länder in der Bologna-Erklärung verpflichtet, ihre Studiensysteme bis zum Jahre 2010 zu vereinheitlichen. In mehr als 30 Ländern ist das zweistufige Modell mit dem Bachelor- und Masterabschluss mittlerweile eingeführt. Es soll den Studenten einen schnelleren Einstieg ins Berufsleben ermöglichen, eine internationale Anerkennung der Abschlüsse gewährleisten und Studenten erlauben, überall in Europa zu studieren. Noch aber machen nur wenige von dieser Möglichkeit Gebrauch: Mehr als 80 Prozent studieren in ihrem jeweiligen Heimatland.

Andere können billiger als wir Kleidung, Autos und Spielzeug produzieren. Wenn die europäischen Länder, die im Vergleich zu China, Indien oder einigen lateinamerikanischen Ländern niedrige Wachstumsraten aufweisen, wirtschaftlich nicht noch weiter zurückfallen wollen, müssen sie die Qualität ihres Bildungswesens, ihre Schulen und Hochschulen, ihre Wissenschaft und Forschung entscheidend verbessern. Denn vor allem die Bildung wird im 21. Jahrhundert darüber entscheiden, wer im globalen Wettbewerb noch bestehen kann.

Europäische Zusammenarbeit

Europa hat diese Zukunftsaufgabe erkannt: Im Bereich von Forschung und Wissenschaft wird die Zusammenarbeit zwischen den Ländern und die Vernetzung von Forschungseinrichtungen enger. Das ist nicht immer einfach. Wenn sich mehrere Länder zusammentun, erfordert das einen hohen Aufwand an Koordination und Organisation und dabei können auch Fehler gemacht werden – wie beim Projekt Airbus in der mangelhaften Angleichung der Computersysteme.

Studenten der Internationalen Universität Bremen feiern ihren Bachelor-Abschluss.

Das neue Studiensystem, auf das sich die meisten europäischen Länder geeinigt haben, soll den Studenten eine praxisnahere Ausbildung ermöglichen, wie hier in den Forschungslabors der Fachhochschule Bonn-Rhein-Sieg. Es soll aber auch die Zusammenarbeit und den Austausch der europäischen Universitäten fördern. Die Europäische Union erhofft sich davon für die Zukunft eine größere Wettbewerbsfähigkeit gemeinsamer europäischer Projekte, wie sie beispielsweise mit den Ariane-Trägerraketen bereits erfolgreich praktiziert wird: 1997 wurde im Europäischen Raumfahrtzentrum in Kourou (Französisch-Guyana) eine Ariane-Rakete gestartet.

Zum Beispiel: Airbus

Um mit den führenden US-amerikanischen Flugzeugherstellern »Boeing« – in dieser teuren und technologisch anspruchsvollen Industrie – mithalten zu können, haben sich britische, französische, spanische und deutsche Luftfahrtunternehmen in den 1970er-Jahren zum europäischen Luftfahrtkonzern »Airbus« zusammengeschlossen. Zwischen 1996 und 2006 hat Airbus mehr Flugzeuge verkauft als sein Hauptkonkurrent Boeing. Der Konzern beschäftigt knapp 55 000 Mitarbeiter in drei Ländern und hat schon mehr als 4000 Flugzeuge ausgeliefert. Auch in China und den USA werden Werke errichtet, um künftig noch mehr Maschinen montieren zu können.

Dennoch sind solche Kooperationen sinnvoll. Das beweist das Beispiel der Europäischen Raumfahrtbehörde »ESA« (»European Space Agency«), in der 15 europäische Staaten zusammengeschlossen sind und die mit ihren Ariane-Trägerraketen mittlerweile auch wirtschaftlich erfolgreich arbeitet. Gemeinsam mit der EU baut die ESA darüber hinaus zurzeit ein europäisches Satellitennavigationssystem namens »Galileo« auf, das Ende 2010 betriebsbereit sein soll. Galileo wird im Unterschied etwa zum US-amerikanischen Navigationssystem GPS nicht unter militärischer Kontrolle stehen, sondern soll ausschließlich zivilen Zwecken dienen.

Die Zukunft der EU

Bulgarien und Rumänien Beide Länder hatten 1995 einen Antrag auf Mitgliedschaft gestellt, im April 2005 wurden die Verträge geschlossen, die den EU-Beitritt auf den 1. Januar 2007 festlegten. Dieser Termin wurde jedoch im Mai 2006 wieder infrage gestellt, weil die EU-Kommission in ihren »Fortschrittsberichten« noch nicht alle Bedingungen erfüllt sah. Vor allem in der Korruptionsbekämpfung und beim Aufbau eines unabhängigen Gerichtswesens gäbe es noch große Mängel. Bulgarien und Rumänien unternahmen daraufhin noch einmal große Anstrengungen, sodass sie, wie vorgesehen, im Januar 2007 zu EU-Mitgliedern wurden.

Der Schock war groß, als am 29. Mai 2005 die französische Bevölkerung den neuen EU-Verfassungsvertrag in einer Volksabstimmung ablehnte: Knapp 55 Prozent der Franzosen sprachen sich dagegen aus. War das Ergebnis der Volksabstimmung ein grundsätzliches Votum gegen die EU? War der Versuch, mit der Verfassung die Mitgliedsländer auf gemeinsame Werte zu verpflichten und die EU-Organe handlungsfähiger zu machen, gescheitert? Wie sollte es weitergehen mit der europäischen Vereinigung?

Die französische und anschließend auch die niederländische Ablehnung einer EU-Verfassung hat die Union zwar nicht an den Rand des Scheiterns geführt, sie aber in eine Krise gestürzt. Der »feste Wille, die Grundlagen für einen immer engeren Zusammenschluss der europäischen Völker zu schaffen«, wie es in der Einleitung des Verfassungsvertrages heißt, schien ins Wanken geraten zu sein. Dabei muss die EU nach der zügigen Erweiterung, die sie mit zehn neuen Mitgliedern 2004 und mit der Aufnahme von Bulgarien und Rumänien im Januar 2007 vorgenommen hat, jetzt dringend ihre Entscheidungsstrukturen schlagkräftiger machen. Sonst droht sie an den komplizierten Abstimmungsmechanismen ihrer vielen Mitglieder zu scheitern.

Ein Verkehrsschild in Bulgarien zeugt davon, wie dringend das Land die EU-Fördergelder braucht, auf die es mit dem Beitritt Anspruch haben wird.

Ein europäischer Außenminister

Eine der Maßnahmen, die der Verfassungsvertrag für einen engeren Zusammenschluss Europas vorsieht, ist die Schaffung eines EU-Außenministers. Bislang ist die Außenpolitik ausschließlich nationale Angelegenheit der einzelnen Mitgliedsländer und wird auf EU-Ebene mit einem aufwändigen Beratungs- und Abstimmungsmechanismus geregelt. Das garantiert aber noch keine Einigung, wie die unterschiedlichen Haltungen der europäischen Regierungen zum Irakkrieg im Jahr 2003 gezeigt haben – die Polen, die Ungarn und andere europäische Staaten unterstützten die USA mit Truppen, Frankreich und Deutschland lehnten einen militärischen Beitrag grundsätzlich ab.
Auch künftig sollen die Richtlinien der Außenpolitik von den gewählten Regierungen bestimmt werden. Aber gerade in Krisenzeiten wird immer wieder eine einheitliche europäische Außen- und Sicherheitspolitik gefordert, die Europa »mit einer Stimme«

Der britische Premierminister Tony Blair und sein Außenminister Jack Straw unterzeichneten 2004 in Rom die Verfassung der Europäischen Union.

sprechen ließe und den Europäern weltpolitisch mehr Gewicht verleihen würde. Wenn die EU politisch in das Weltgeschehen eingreifen will, muss sie ein gemeinsames außenpolitisches Konzept entwickeln.

Erweiterung der EU

Aber die bisherigen Differenzen in außenpolitischen Fragen sind nicht das einzige Zukunftsproblem der Europäischen Union. Das ablehnende Votum der Franzosen und Niederländer zur Europäischen Verfassung fand ein Jahr nach der Osterweiterung der EU und der Ankündigung weiterer EU-Beitritte statt. Inzwischen fürchten viele EU-Bürger, dass die Union viel zu schnell wachse und die alten Mitgliedsländer dadurch überfordert und benachteiligt würden, weil sie immer mehr Lasten der neuen, ärmeren Mitglieder zu schultern hätten.
Es sind aber nicht vorrangig wirtschaftliche Risiken, die mit der Erweiterung der EU verbunden sind. Wer beitreten will, muss einen ausführlichen Katalog wirtschaftlicher Bedingungen erfüllen, um Mitglied werden zu können. Aber die zunehmende Zahl von EU-Ländern macht es schwieriger, sich auf Gemeinsamkeiten auch für die Zukunft zu verständigen. Am deutlichsten zeigte sich das in dem Streit um einen möglichen Beitritt der Türkei.

Weitere EU-Beitrittskandidaten

Nach den Beitritten von Bulgarien und Rumänien wird es sicher eine Weile dauern, bis die nächsten Bewerber zu EU-Mitgliedern werden. Offizielle Beitrittsverhandlungen werden seit Oktober 2005 mit Kroatien und der Türkei geführt. Ein Antrag auf Mitgliedschaft liegt darüber hinaus seit März 2004 von der ehemaligen jugoslawischen Republik Mazedonien vor. Und es gibt weitere Kandidatenländer, die ihr Interesse offiziell bekundet haben, aber noch nicht als Bewerber zugelassen sind, wie Albanien, Bosnien-Herzegowina, Montenegro, Serbien und die Ukraine.

Die »Türkeifrage«

Nicht nur wirtschaftliche Bedenken werden gegen eine EU-Mitgliedschaft der Türkei geltend gemacht: Ein vom Islam geprägtes Land sei grundsätzlich nicht in das christliche Europa integrierbar und nicht mit unserer auf Freiheit und Gleichheit beruhenden Kultur vereinbar. Aber die Europäische Union hat starke politische und wirtschaftliche Interessen an dem Beitritt dieses europäisch-asiatischen Landes – das macht die Entscheidung schwierig.

Die Türkei ist seit 1924 eine Republik, in der das Wahlrecht gilt und die Trennung von Kirche und Staat festgeschrieben ist. Geografisch liegt der größere Teil des Landes in Asien, doch die Türkei ist Gründungsmitglied der UNO und hat als Mitglied des Europarats (seit 1949) sowohl die »Allgemeine Erklärung der Menschenrechte« als auch die »Europäische Menschenrechtskonvention« als verbindlich anerkannt. Der Staat räumt seinen Bürgern ein Beschwerderecht vor der Europäischen Menschenrechtskonvention ein und erkennt den Europäischen Gerichtshof für Menschenrechte an. Seit 1949 ist die Türkei Mitglied des Verteidigungsbündnisses NATO und somit strategisch wie politisch in die westliche Gemeinschaft eingebunden.
Warum also sollte dem modernen islamischen Land der Beitritt zur EU verweigert werden? Im Gegenteil, mit der Türkei, so ihre Fürsprecher, würde man einen Partner gewinnen, der als Vermittler in die arabisch-islamische Welt von großem Wert sein und helfen könnte, das gespannte Verhältnis zu vielen islamischen Ländern zu entkrampfen.

Vor einer Moschee in Istanbul ist neben der türkischen Flagge die Fahne der Europäischen Union aufgezogen worden.

Türkische Demonstranten protestierten im Februar 2006 in Istanbul gegen Karikaturen, die in einer dänischen Zeitung erschienen waren und auch den Propheten Mohammed zum Gegenstand hatten. Viele Muslime sahen dadurch ihre religiösen Gefühle verletzt. Es gab antidänische Proteste in der arabischen Welt, 17 arabische Staaten forderten die Bestrafung der Verantwortlichen. Zeitungen aus anderen europäischen Ländern hingegen druckten die Karikaturen unter Berufung auf die Pressefreiheit nach.

Zweifel an der Türkei

Gestützt auf die Berichte von Menschenrechtsorganisationen wie Amnesty international äußern die Gegner hingegen erhebliche Zweifel an der Rechtsstaatlichkeit der Türkei. Von Einschränkungen der Meinungs- und Pressefreiheit ist die Rede, von Frauendiskriminierung, Verstößen gegen die Religionsfreiheit und einem stärker werdenden Einfluss des muslimischen Glaubens auf die Politik. Die Türkei, so ihr zentrales Argument, respektiere nicht die Grundrechte des Einzelnen; ein vom Islam geprägtes Land habe ein anderes Menschenbild als das christliche Europa und überdies würde das vergleichsweise unterentwickelte – und mit mehr als 70 Millionen Einwohnern zudem sehr bevölkerungsreiche – Land die Union wirtschaftlich völlig überfordern.

Die Beitrittsverhandlungen mit der Türkei werden sicher einige Jahre in Anspruch nehmen. Wie immer dann entschieden werden wird – die Diskussion darum hat zumindest dazu geführt, dass Europa sich Rechenschaft darüber ablegen muss, worin seine von allen zu teilenden Grundrechte und Grundsätze bestehen und wie es sich für die Zukunft rüsten will oder muss. Dass es zu einer »Weltmacht« aufsteigt und sich, wie manche es wünschen, zu einer Art Gegenmacht etwa zu den USA oder zu China entwickelt, ist kaum zu erwarten. Denn wenn Europa etwas aus seiner Geschichte gelernt hat, dann die Erkenntnis, dass ein Miteinander erfolgversprechender ist als ein Gegeneinander.

»Verunglimpfung« Aufsehen erregte Ende 2005 der Fall des berühmten türkischen Schriftstellers Orhan Pamuk. Nachdem er in einem Interview unter anderem die Unterdrückung der Kurden in der Türkei kritisiert hatte, wurde er wegen »Verunglimpfung des Türkentums« vor Gericht angeklagt und mit fünf Jahren Haft bedroht. Aufgrund internationaler Proteste wurde das Verfahren im Januar 2006 eingestellt. Pamuk blieb auf freiem Fuß und erhielt im Herbst desselben Jahres den Literatur-Nobelpreis.

Gut zu wissen

Wie heißt die Hauptstadt von Estland? Welche Sprachen werden in Belgien gesprochen? Haben alle zur Union gehörenden Mitgliedsstaaten so hohe Arbeitslosenzahlen wie in Deutschland?
Welches Land der EU beherbergt die meisten Ausländer? Wo werden die meisten Kinder geboren?
Die meisten von uns müssen länger nachdenken, bevor sie solche Fragen beantworten können – wenn sie überhaupt Antworten darauf kennen. Aber Europa wächst nur erfolgreich zusammen, wenn die Menschen in den vielen Ländern, die zur EU gehören, mehr voneinander wissen.

Die Mitgliedsländer der EU

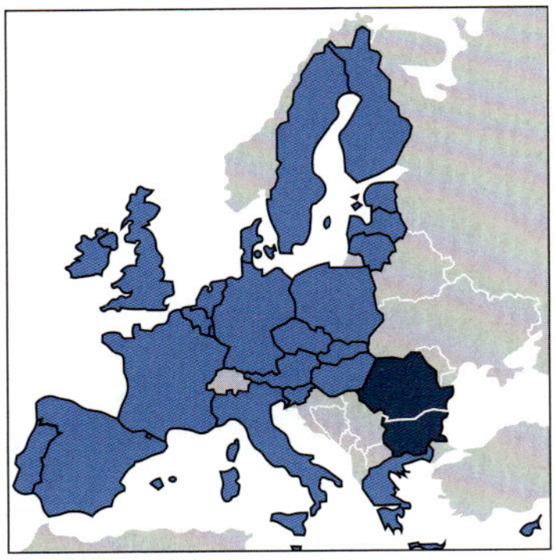

Die Länder der europäischen Union mit den beiden – dunkelblau markierten – neuen Mitgliedern Rumänien (oben) und Bulgarien (unten).

Auf den folgenden Seiten sind Daten zu den Mitgliedsstaaten der Europäischen Union zusammengestellt. Viele dieser Informationen findet man teilweise im Internet, unter der Adresse des Auswärtigen Amts www.auswaertigesamt.de oder auf den Websites der jeweiligen Länderbotschaften.
Am verlässlichsten ist die »Bundeszentrale für politische Bildung«, bei der sich jeder gegen eine geringe Gebühr Bücher und Hefte zum Thema Europa (und zu vielen anderen wichtigen Themen) bestellen kann. Es lohnt sich, auf www.bpb.de immer mal wieder nachzuschauen, welches Informationsangebot man dort zur Europäischen Union findet.

Die knappen Daten auf den folgenden Seiten geben nicht nur Auskunft zu Bevölkerungsanzahl oder Hauptstadt, sondern auch zu den Fragen, welcher Glaubensgemeinschaft seine Bewohner angehören oder wie hoch die Geburtenrate ist, wie viele Minderheiten in einem Land leben und welche Sprachen dort gesprochen werden.
Manche verraten uns dabei auch etwas über die Zukunft der jeweiligen Region: Ein Land, in dem nur noch wenige Kinder geboren werden, wie zum Beispiel Deutschland oder auch Italien, wird das Angebot der Kinderbetreuung verbessern müssen, damit Frauen sich nicht länger der schwierigen Entscheidungssituation zwischen Familie und Beruf ausgesetzt sehen.
Auch zur wirtschaftlichen Situation der einzelnen EU-Mitglieder findet sich hier etwas: In welchen Bereichen arbeiten die meisten Menschen, wie viele sind arbeitslos? Die Wirtschaftsleistung unterschiedlicher Länder, unabhängig von ihrer Größe und der Anzahl ihrer Bewohner, lässt sich am besten anhand des Bruttoinlandprodukts (BIP) miteinander vergleichen. Mithilfe der Pro-Kopf-Angabe des BIPs, so wie es sich in dieser Übersicht findet, lässt sich manchmal Erstaunliches feststellen: Das höchste BIP hat Irland, das einstige »Armenhaus« Europas, das zugleich eine der niedrigsten Arbeitslosenzahlen hat. Vielleicht können Länder wie Deutschland, das einst als der entscheidende Wirtschaftsmotor der Europäischen Union galt, heute aber im Vergleich mit vielen anderen Mitgliedsstaaten zurückgefallen ist, von dem erfolgreichen Beispiel anderer lernen.

Das Bruttoinlandsprodukt (BIP)
Die Einwohner eines Landes stellen in einem Jahr viele Produkte her, zum Beispiel Autos, Geschirrspüler, Strumpfhosen oder Pralinen. Andere arbeiten als Verkäuferinnen, Handwerker, Ärzte, Polizisten oder Lehrer. Sie erbringen Dienstleistungen. Auch diese lassen sich, ebenso wie die produzierten Güter, mit Geld bewerten, denn die Menschen erhalten einen Lohn für ihre Arbeit. Der Gesamtwert aller Dienstleistungen und Waren, die innerhalb eines Jahres in einem Land produziert werden, ist das Bruttoinlandsprodukt, das BIP.

Belgien
Hauptstadt Brussel/Bruxelles/Brüssel, 978 400 Einwohner
Bevölkerung 10,5 Millionen, davon 904 500 Ausländer (davon 60 % aus anderen EU-Staaten); 59 % Flamen, 40 % Wallonen, 1 % deutschsprachige Gemeinschaft
Geburten 1,6 Kinder pro Frau
Amtssprachen Niederländisch (Flamen), Französisch (Wallonen) und Deutsch
Religion (Konfessionen) 80 % Katholiken, 4 % Muslime; Minderheiten von Protestanten, Orthodoxen und Juden, 16 % Konfessionslose
Bruttoinlandsprodukt 26 830 EUR
Wirtschaftsstruktur Landwirtschaft 0,8 %, Industrie 24,3 %, Dienstleistungen 74,9 % (2001)
Wirtschaftswachstum 2,2 %
Arbeitslosenquote 8,7 %

www.belgium.be

Bulgarien
Hauptstadt Sofija (Sofia), 1,1 Millionen Einwohner
Bevölkerung 7,8 Millionen (2003), davon 83,5 % Bulgaren, 9,5 % Türken, 4,6 % Roma, 1,5 % Russen, Armenier, Walachen, Griechen
Geburten 1,3 Kinder pro Frau
Sprachen Bulgarisch (Amtssprache), Sprachen der Minderheiten v.a. Türkisch
Religion (Konfessionen) 85,7 % bulgarisch-orthodoxe Christen, 13,1 % Muslime; Minderheiten von Katholiken, Protestanten und Juden
Bruttoinlandsprodukt 2744 EUR (2005)
Wirtschaftsstruktur Landwirtschaft 25,6 %, Industrie 27,9 %, Dienstleistung 46,6 % (2002)
Wirtschaftswachstum 5,8 % (2005)
Arbeitslosenquote 10,7 % (2005)

www.botschaft-bulgarien.de

Dänemark
Hauptstadt København (Kopenhagen), 500 500 Einwohner, mit Außenbezirken: 1,8 Millionen Einwohner
Bevölkerung 5,4 Millionen (Ausländer 5 %, Einwanderer: 8,2 %, Färöer: 47 700, Grönland: 56 800)
Geburten 1,8 Kinder pro Frau
Sprachen Dänisch (Amtssprache); Deutsch (in Nordschleswig teilweise Schulsprache), Faröisch (Faröer-Inseln), Inuktitut (Sprache der Inuit/»Eskimo« auf Grönland)
Religion (Konfessionen) 84 % Lutheraner; Minderheiten anderer Protestanten, 34 900 Katholiken, 14 700 Zeugen Jehovas und 3000 Juden
Bruttoinlandsprodukt 28 400 EUR
Wirtschaftsstruktur Landwirtschaft 3,6 %, Industrie 26,6 %, Dienstleistung 69,8 % (1998)
Wirtschaftswachstum 2,3 %
Arbeitslosenquote 6 %

www.denmark.dk

Deutschland
Hauptstadt Berlin, 3,4 Millionen Einwohner
Bevölkerung 82,5 Millionen, davon 8,8 % Ausländer; Minderheiten mit Sonderrechten: Sorben (Wenden) in Brandenburg und Sachsen (60 000), Dänen in Südschleswig (50 000), Friesen in Nordfriesland und Helgoland (10 000), Friesen im Saterland (2000), Sinti und Roma (50 000)
Geburten 1,3 Kinder pro Frau
Sprachen Deutsch (Amtssprache), Dänisch, Sorbisch (in der Lausitz), Friesisch (in Nordfriesland). Romani und Niederdeutsch oder Plattdeutsch (in Norddeutschland) sind offiziell anerkannte Minderheiten- bzw. Regionalsprachen.
Religion (Konfessionen) 32 % Katholiken, 32 % Protestanten, 4 % Muslime, 1,1 % Orthodoxe; Minderheiten von Zeugen Jehovas, Neuapostolischer Kirche und Juden, Konfessionslose
Bruttoinlandsprodukt 24 900 EUR
Wirtschaftsstruktur Landwirtschaft 2,2 %, Industrie 25,9 %, Dienstleistungen 71,9 % (2005)
Wirtschaftswachstum 0,8 %
Arbeitslosenquote 9,8 %

www.deutschland.de
www.deutschland-tourismus.de

Estland
Hauptstadt Tallinn (Reval), 398 200 Einwohner
Bevölkerung 1,35 Millionen, davon gebürtige Esten: 65,3 %; andere Gruppen: 28,1 %, Russen, 2,5 % Ukrainer, 1,5 % Weißrussen, 0,9 % Finnen
Geburten 1,5 Kinder pro Frau
Sprachen Estnisch (Amtssprache); Russisch, Ukrainisch, Weißrussisch und Finnisch
Religion (Konfessionen) Lutheraner, Estnisch-Orthodoxe; Minderheiten von Katholiken, Muslimen, Juden; bei der nicht-estnischen Bevölkerung dominiert der russisch-orthodoxe Glaube.
Bruttoinlandsprodukt 11 480 EUR
Wirtschaftsstruktur Landwirtschaft 5,3 %, Industrie 33,7 %, Dienstleistungen 61 % (2005)
Wirtschaftswachstum 6 %
Arbeitslosenquote 8,7 %

www.estonica.org
www.visitestonia.com

Finnland
Hauptstadt Helsingfors (Helsinki), 559 700 Einwohner
Bevölkerung 5,2 Millionen, davon: 92,4 % Finnen, 5,6 % Finnland-Schweden; ca. 2 % Sonstige, davon ca. 17 000 Samen u.a.
Geburten 1,8 Kinder pro Frau
Sprachen Finnisch, Schwedisch (Amtssprachen); Samisch
Religion (Konfessionen)
85,4 % Lutheraner, 1,1 % Finnisch-Orthodoxe, 11 weitere christliche Gemeinschaften; Minderheiten von Muslimen und Juden
Bruttoinlandsprodukt 25 500 EUR
Wirtschaftsstruktur Landwirtschaft 5,4 %, Industrie 26,9 %, Dienstleistungen 67,7 % (2002)
Wirtschaftswachstum 3,3 %
Arbeitslosenquote 8,8 %

www.finnland.de
www.visitfinland.de

Frankreich
Hauptstadt Paris, 2,1 Millionen; Großraum (Banlieue): ca. 10 Millionen Einwohner
Bevölkerung 61,1 Millionen, davon 5,6 Millionen Ausländer
Geburten 1,9 Kinder pro Frau
Sprachen Französisch (Amtssprache); Baskisch, Bretonisch, Elsässisch u.a. (Regionalsprachen)
Religion (Konfessionen) 78,8 % Katholiken, 9 % Muslime, 1,6 % Protestanten, 1,1 % Juden; Minderheit von Orthodoxen
Bruttoinlandsprodukt 26 150 EUR
Wirtschaftsstruktur Landwirtschaft 4,3 %, Industrie 24,9 %, Dienstleistungen 70,8 % (1997)
Wirtschaftswachstum 2 %
Arbeitslosenquote 9,6 %

www.frankreich-forum.de
www.frankreich.de
www.franceguide.com

Griechenland
Hauptstadt Athina (Athen), 745 000 Einwohner
Bevölkerung ca. 10,5 Millionen
Geburten 1,3 Kinder pro Frau
Sprachen Neugriechisch (Amtssprache)
Religion (Konfessionen)
97 % Griechisch-Orthodoxe; Minderheiten von Muslimen, Protestanten, Katholiken und Juden
Bruttoinlandsprodukt 18 880 EUR
Wirtschaftsstruktur Landwirtschaft 16 %, Industrie 22,8 %, Dienstleitung 61,2 % (2001)
Wirtschaftswachstum 2,9 %
Arbeitslosenquote 9 %

www.griechische-botschaft.de
www.eot.gr

Großbritannien und Nordirland
Hauptstadt London, 7,2 Millionen Einwohner
Bevölkerung 59,6 Millionen, davon 80 % Engländer, 10 % Schotten, 4 % Nordiren, 2 % Waliser (amtliche Schätzung Mitte 2003)
Geburten 1,8 Kinder pro Frau
Sprachen Englisch (Amtssprache); Walisisch (Kymrisch), schottische Form des Gälischen (in den Highlands und Lowlands), Scots und Irisch-Gälisch (in Nordirland)
Religion (Konfessionen) 29 % Anglikaner, 14 % sonstige protestantische Kirchen (u.a. Presbyterianer, Methodisten; Freikirchen und Baptisten), 11 % Katholiken, 3 % Moslems, 2 % Hindus und Sikhs; Minderheit von Juden, 41 % Konfessionslose
Bruttoinlandsprodukt 27 820 EUR
Wirtschaftsstruktur Landwirtschaft 1,4 %, Industrie 20,2 %, Dienstleitung 78,4 % (2002)
Wirtschaftswachstum 2,8 %
Arbeitslosenquote 4,7 %

www.direct.gov.uk
www.visitbritain.com

Irland
Hauptstadt Baile Atha Gliath (Dublin), 495 800 Einwohner
Bevölkerung 4,2 Millionen (2004)
Geburten 1,9 Kinder pro Frau
Sprachen Gälisch (Irisch, erste offizielle Amtssprache), Englisch, Scots (regional)
Religion (Konfessionen) 77 % Katholiken, 9,1 % Church of Ireland, 7,4 % Presbyterianer; Minderheiten von Muslimen und Juden
Bruttoinlandsprodukt 30 370 EUR
Wirtschaftsstruktur Landwirtschaft 6,9 %, Industrie 27,7 %, Dienstleitung 65,4 % (2002)
Wirtschaftswachstum 4,9 %
Arbeitslosenquote 4,5 %

www.irland-inside.de
www.tourismireland.com

Italien
Hauptstadt Roma (Rom), 5,6 Millionen Einwohner
Bevölkerung 58,5 Millionen (2004), davon 2,5 Millionen Ausländer; ansässige Deutsche nach italienischer Statistik rund 40 000
Geburten 1,3 Kinder pro Frau
Sprachen Italienisch (Amtssprache); Deutsch, Französisch, Slowenisch und Ladinisch (Regionalsprachen)
Religion (Konfessionen) über 90 % Katholiken, 1,7 % Muslime; Minderheiten von Protestanten,

Buddhisten und Juden
Bruttoinlandsprodukt 24 600 EUR
Wirtschaftsstruktur Landwirtschaft 5,3 %, Industrie 31,9 %, Dienstleitung 62,8 % (2000)
Wirtschaftswachstum 1,2 %
Arbeitslosenquote 7,9 %

www.botschaft-italien.de
www.enit.it

Lettland
Hauptstadt Riga, 747 000 Einwohner
Bevölkerung 2,3 Millionen, davon: 57,6 % Letten, 29,6 % Russen, 4,1 % Weißrussen, 2,7 % Ukrainer, 2,5 % Polen, 1,4 % Litauer, 2,1 % Sonstige
Geburten 1,3 Kinder pro Frau
Sprachen Lettisch (Amtssprache); Russisch, Litauisch, Ukrainisch
Religion (Konfessionen) 55 % Lutheraner, 24 % Katholiken, 9 % Russisch-Orthodoxe; Minderheit von Juden
Bruttoinlandsprodukt 9 680 EUR
Wirtschaftsstruktur Landwirtschaft 11,2 %, Industrie 26,5 %, Dienstleistung 62,3 % (2005)
Wirtschaftswachstum 7,2 %
Arbeitslosenquote 10,6 %

www.botschaft-lettland
www.baltikuminfo.de

Litauen
Hauptstadt Vilnius (Wilna), 543 000 Einwohner
Bevölkerung 3,4 Millionen, davon: 83,5 % Litauer, daneben Polen (6,7 %), Russen (6,3 %), Weißrussen (1,2 %), Ukrainer (0,7 %), Deutsche (0,09 %) und andere Nationalitäten (2001)
Geburten 1,3 Kinder pro Frau
Sprachen Litauisch (Amtssprache); Russisch, Polnisch, Weißrussisch, Ukrainisch
Religion (Konfessionen) 79 % Katholiken, 4 % Orthodoxe; Minderheiten von Protestanten und Muslimen, 9 % Konfessionslose (2001)
Bruttoinlandsprodukt 11 610 EUR
Wirtschaftsstruktur Landwirtschaft 14 %, Industrie 29 %, Dienstleistung 57 % (2005)
Wirtschaftswachstum 6,4 %
Arbeitslosenquote 10,8 %

www.litauen-info.de
www.baltikuminfo.de

Luxemburg
Hauptstadt Luxemburg, 76 700 Einwohner
Bevölkerung 451 600 Einwohner, davon 277 400 Luxemburger. Der Anteil der Ausländer ist mit 38,6 % der höchste innerhalb der EU. In Luxemburg leben 63 800 Portugiesen, 21 900 Franzosen, 18 900 Italiener, 16 000 Belgier, 10 300 Deutsche.
Geburten 1,7 Kinder pro Frau
Sprachen Letzeburgisch, Französisch, Deutsch (Amtssprachen)
Religion (Konfessionen) 87 % Katholiken; Minderheiten von Protestanten, Juden und Muslimen
Bruttoinlandsprodukt 47 920 EUR
Wirtschaftsstruktur Landwirtschaft 1,3 %, Industrie 22,7 %, Dienstleistung 76 % (2001)
Wirtschaftswachstum 3,8 %
Arbeitslosenquote 4,7 %

www.gouvernement.lu
www.ont.lu

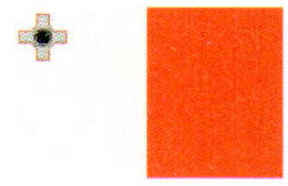

Malta
Hauptstadt Valletta, 7200 Einwohner
Bevölkerung ca. 402 500 Einwohner
Geburten 1,4 Kinder pro Frau
Sprachen Maltesisch (arabisches Kreol) und Englisch sind Amtssprachen; Italienisch ist Umgangssprache
Religion (Konfessionen) 96 % Katholiken; Minderheit von Protestanten
Bruttoinlandsprodukt 17 170 EUR
Wirtschaftsstruktur Landwirtschaft 1,7 %, Industrie 33 %, Dienstleistung 65,2 % (2000)
Wirtschaftswachstum 1,7 %
Arbeitslosenquote 9,2 %

www.gov.mt
www.malta4you.ch

Niederlande
Hauptstadt Amsterdam, 743 000 Einwohner
Bevölkerung 16,3 Millionen, 95,7 % Niederländer (darunter etwa 360 000 Friesen), 0,7 % Marokkaner, 0,6 % Türken, 0,4 % Deutsche
Geburten 1,7 Kinder pro Frau
Sprachen Niederländisch, Friesisch (in der Provinz Fryslân)
Religion (Konfessionen) 30 % Katholiken, 20 % Protestanten (überwiegend Calvinisten, mehrheitlich Protestantische Kirche in den Niederlanden/PKN), 9 % andere Religionen (5,7 % Muslime, 0,2 % Juden), 42 % Konfessionslose (2004)
Bruttoinlandsprodukt 27 270 EUR
Wirtschaftsstruktur Landwirtschaft 2,9 %, Industrie 21,7 %, Dienstleistung 75,4 % (2001)
Wirtschaftswachstum 1 %
Arbeitslosenquote 5,2 %

www.niederlandenet.de
www.holland.com

Österreich
Hauptstadt Wien, 1,562 Millionen
Bevölkerung 8,2 Millionen, davon 90,6 % Österreicher und 9,4 % Ausländer
Geburten 1,4 Kinder pro Frau
Sprachen Deutsch (Amtssprache); Slowenisch, Kroatisch, Ungarisch
Religion (Konfessionen)
73,6 % Katholiken, 4,7 % Protestanten, 4,2 % Muslime; Minderheit von Juden, 12 % Konfessionslose (2001)
Bruttoinlandsprodukt 27 910 EUR
Wirtschaftsstruktur Landwirtschaft 0,8 %, Industrie 27,2 %, Dienstleistung 68,4 % (2003)
Wirtschaftswachstum 2,1 %
Arbeitslosenquote 4 %

www.oesterreich.at
www.austria.info/de

Polen
Hauptstadt Warszawa (Warschau), 1,61 Millionen
Bevölkerung 38,65 Millionen (2005), davon ca. 98,7 % Polen; nationale Minderheiten: u.a. 300 000–500 000 Deutsche, 300 000 Ukrainer, 200 000 Weißrussen; Minderheiten von Roma, Litauern, Slowaken, Armeniern, Kaschuben, Tataren, Tschechen
Geburten 1,3 Kinder pro Frau
Sprachen Polnisch (Amtssprache); Deutsch, Ukrainisch, Weißrussisch
Religion (Konfessionen)
90 % Römisch-Katholisch, 1,3 % Polnisch-Orthodox; Minderheiten von Protestanten, Altkatholiken, Muslimen und Juden
Bruttoinlandsprodukt 10 940 EUR
Wirtschaftsstruktur Landwirtschaft 19,2 %, Industrie 26,8 %, Dienstleistung 53,9 % (2004)
Wirtschaftswachstum 4,4 %
Arbeitslosenquote 18,5 %

www.poland.gov.pl
www.polen-info.de

Portugal
Hauptstadt Lisboa (Lissabon), 564 000 Einwohner
Bevölkerung ca. 10,5 Millionen, davon Azoren: 241 800 Einwohner, Madeira: 245 000; 226 700 Ausländer (2,2 %)
Geburten 1,4 Kinder pro Frau
Sprachen Portugiesisch (Amtssprache)
Religion (Konfessionen) 93 % Katholiken; Minderheiten von Protestanten, Muslimen, Orthodoxen und Juden
Bruttoinlandsprodukt 17 110 EUR
Wirtschaftsstruktur Landwirtschaft 12,6 %, Industrie 34,3 %, Dienstleistung 53,1 % (2001)
Wirtschaftswachstum 1,1 %
Arbeitslosenquote 6,5 %

www.portugal.gov.pt
www.portugal.org

Rumänien
Hauptstadt Bucureşti (Bukarest), 1,9 Millionen Einwohner
Bevölkerung 21,7 Millionen (2003), davon 89,5 % Rumänen, 6,6 % Magyaren (Ungarn), 2,5 % Roma, 0,3 % Deutsche, 0,3 % Ukrainer, 0,2 % Russen, 0,2 % Türken, außerdem Tataren, Serben, Slowaken u.a. (18 nationale Minderheiten anerkannt)
Geburten 1,3 Kinder pro Frau
Sprachen Rumänisch (Amtssprache); Sprachen der Minderheiten
Religion (Konfessionen) 86,7 % Rumänisch-Orthodoxe, 4,7 % Katholiken, 3,2 % Anhänger der Reformierten Kirche, 1,5 % Pfingstler, 0,9 % Griechisch-Orthodoxe, 0,6 % Baptisten, 0,3 % Muslime (2002), 14 000 Juden (1999)
Bruttoinlandsprodukt 2 730 EUR (2004, www.auswaertiges-amt.de)
Wirtschaftsstruktur Landwirtschaft 36,4 %, Industrie 29,5 %, Dienstleistung 34,1 % (2002)
Wirtschaftswachstum 8,3 % (2004, www.auswaertiges-amt.de)
Arbeitslosenquote 7,1 % (2004)

www.bukarest.diplo.de

Schweden
Hauptstadt Stockholm, 755 600 Einwohner
Bevölkerung 9 Millionen (92,2 % Schweden, 2,5 % einheimische Finnen, ca. 20 000 Samen, 5,3 % Ausländer)
Geburten 1,8 Kinder pro Frau
Sprachen Schwedisch (Amtssprache); Finnisch, Samisch (Lappen)
Religion (Konfessionen) 85 % Evangelisch Lutherische Schwedische Kirche, 1,8 % Katholiken, 1,1 % Orthodoxe, 1 % Pfingstler, 1 % Muslime; Minderheiten von Zeugen Jehovas, Juden und Buddhisten
Bruttoinlandsprodukt 26 260 EUR
Wirtschaftsstruktur Landwirtschaft 2,4 %, Industrie 24,5 %, Dienstleistung 72,9 % (2000)
Wirtschaftswachstum 3 %
Arbeitslosenquote 6,5 %

www.sweden.se
www.visit-sweden.com

Slowakei
Hauptstadt Bratislava (Pressburg), 428 700 Einwohner
Bevölkerung 5,3 Millionen (letzte Volkszählung 2001), davon: 85,8 % Slowaken, 9,7 % Ungarn, 1,7 % Roma, 0,8 % Tschechen,

0,4 % Ruthenen; Minderheiten von Ukrainern, Deutschen, Polen u.a.
Geburten 1,3 Kinder pro Frau
Amtssprachen Slowakisch, Ungarisch (regional), Tschechisch
Religion (Konfessionen)
68,9 % Römisch-Katholische Kirche, 4,1 % Griechisch-Katholische Kirche, 7,9 % Protestanten, 6,9 % Evangelische Kirche Augsburger Bekenntnisses, 2 % Reformierte Christliche Kirche; Minderheiten von Methodisten, Orthodoxen und Juden, 13 % Konfessionslose
Bruttoinlandsprodukt 12 240 EUR
Wirtschaftsstruktur Landwirtschaft 3,9 %, Industrie 34,3 %, Dienstleistung 61,8 % (2004)
Wirtschaftswachstum 4,9 %
Arbeitslosenquote 15,5 %

www.slowakei-net.de
www.sacr.sk

Slowenien
Hauptstadt Ljubljana (Laibach), 264 300 Einwohner
Bevölkerung 2 Millionen (Juni 2005), 83,1 % davon Slowenen, 2 % Serben, 1,8 % Kroaten, 1,1 % Bosniaken, 0,3 % Ungarn, 0,3 % Albaner u.a.
Geburten 1,2 Kinder pro Frau
Sprachen Slowenisch (Amtssprache); Kroatisch, Serbisch, Bosnisch, Deutsch, Italienisch
Religion (Konfessionen) 57,8 % Katholiken, 4,2 % Orthodoxe, 2,7 % Muslime; Minderheiten von Protestanten, 7,1 % Konfessionslose
Bruttoinlandsprodukt 18 070 EUR
Wirtschaftsstruktur Landwirtschaft 10,2 %, Industrie 35,2 %, Dienstleistung 54,5 % (2005)
Wirtschaftswachstum 3,7 %
Arbeitslosenquote 6,1 %

www.sigov.si
www.slovenia-tourism.si

Spanien
Hauptstadt Madrid, 2,9 Millionen Einwohner
Bevölkerung 44,1 Mio. (2005), davon 72,3 % Kastilische Spanier, 16,3 % Katalanen, 8,1 % Galicier, 2,3 % Basken (2003); 3 Millionen Ausländer (2004)
Geburten 1,3 Kinder pro Frau
Amtssprachen Spanisch, regional: Katalanisch, Galicisch und Baskisch
Religion (Konfessionen) 98,3 % Katholiken; Minderheiten von Muslimen und Juden
Bruttoinlandsprodukt 22 190 EUR
Wirtschaftsstruktur Landwirtschaft 6,4 %, Industrie 31,5 %, Dienstleistung 62,1 % (2001)
Wirtschaftswachstum 2,7 %
Arbeitslosenquote 10,7 %

www.sispain.org
www.spain.info

Tschechische Republik
Hauptstadt Praha (Prag), 1,178 Millionen Einwohner
Bevölkerung 10,3 Millionen, davon: 90,3 % Tschechen, 3,7 % Mährer, 1,9 % Slowaken, 0,5 % Polen, 0,4 % Deutsche, 0,2 % Ukrainer, 0,1 % Roma u.a.
Geburten 1,3 Kinder pro Frau
Sprachen Tschechisch (Amtssprache)
Religion (Konfessionen) 26,7 % Katholiken, 2,5 % Protestanten, 1,7 % Tschechische Hussiten; Minderheit von Orthodoxen, 59 % Konfessionslose
Bruttoinlandsprodukt 16 230 EUR
Wirtschaftsstruktur Landwirtschaft 4,1 %, Industrie 37,5 %, Dienstleistung 58,4 % (2005)
Wirtschaftswachstum 4 %
Arbeitslosenquote 8,9 %

www.tschechien-online.org
www.czechtourism.com

Ungarn
Hauptstadt Budapest, 1,17 Millionen Einwohner
Bevölkerung 10,1 Millionen, davon Minderheiten: 314 000, Ungarn-Deutsche: 62 000 (Volkszählung 2001)
Geburten 1,3 Kinder pro Frau
Sprachen Ungarisch (Amtssprache); Romani, Deutsch, Kroatisch
Religion (Konfessionen) 61 % Katholiken, 20 % Calvinisten, 4 % Lutheraner; Minderheiten von Orthodoxen, Juden und Muslimen, 14,5 % Konfessionslose
Bruttoinlandsprodukt 14 130 EUR
Wirtschaftsstruktur Landwirtschaft 4,9 %, Industrie 32,4 %, Dienstleistung 62,7 % (2005)
Wirtschaftswachstum 3,9 %
Arbeitslosenquote 6 %

www.ungarische-botschaft.de

Zypern
Hauptstadt Lefkosia/Lefkoşa (Nikosia), 206 000 Einwohner
Bevölkerung ca. 730 400 Einwohner in der Republik Zypern (Süden), ca. 220 000 im Nordteil
Geburten 1,5 Kinder pro Frau
Sprachen Griechisch, Türkisch (Amtssprachen), Englisch (Verkehrssprache)
Religion (Konfessionen) Im Süden: 94,8 % Orthodoxe Christen, 1,5 % Katholiken; Minderheiten von Maroniten, Armeniern und Muslimen. Im Norden: Muslime, ca. 460 Griechisch-Orthodoxe, ca. 170 Maroniten
Bruttoinlandsprodukt 19 550 EUR
Wirtschaftsstruktur Landwirtschaft 9,3 %, Industrie 22,4 %, Dienstleistung 68,4 % (1999)
Wirtschaftswachstum 3,9 %
Arbeitslosenquote 4,5 %

www.cyprus.gov.cy
www.visitcyprus.org.cy

Die Europäische Union in Zahlen

Wie groß ist die EU?
Die Gesamtfläche der EU (27 Länder) beträgt 4,3 Millionen km²
Zum Vergleich Russland 17,1 Millionen km², USA 9,6 Millionen km², China 9,6 Millionen km², Indien 3,3 Millionen km², Japan 0,4 Millionen km²

Wie viele Menschen leben in der EU?
In den 27 Ländern der EU leben insgesamt 489 Millionen Menschen.
Zum Vergleich In China leben 1311,4, in Indien 1121,8, in den USA 299,1, in Russland 142,3 und in Japan 127,8 Millionen Menschen.

Wie wohlhabend ist die EU?
Eine ungefähre Vorstellung über den Lebensstandard in einem bestimmten Land erhält man, wenn man den gesamten Wert aller in einem Kalenderjahr erzeugten Güter berechnet (das »Bruttoinlandsprodukt« – BIP) und dann durch die Anzahl der Einwohner dividiert. Danach müssen noch die Preisunterschiede in den einzelnen Ländern berücksichtigt werden, um den Lebensstandard vergleichen zu können. Dies geschieht, indem man für vergleichbare Waren und Dienstleistungen eine gemeinsame künstliche Währung, den »Kaufkraftstandard« (KKS) ermittelt. In dieser Währung entfiel auf jeden Einwohner der EU im Jahre 2003 ein Wert von 21 400.
Zum Vergleich USA 32 900, Japan 24 400, Russland 6800, China 3900.
Der Lebensstandard in Europa hat im letzten Jahrzehnt übrigens erheblich zugenommen. 1995 betrug der betreffende Wert für die EU (ohne Bulgarien und Rumänen) lediglich 15 200.

Wie sportlich sind die Europäer?
Eine Ende 2004 durchgeführte Eurobarometer-Umfrage hat ergeben, dass 38 % der EU-Bürger sich mindestens einmal in der Woche sportlich betätigen. Dieser Anteil ist jedoch von Land zu Land sehr unterschiedlich: Während 66 % der Portugiesen, 60 % der Ungarn und 58 % der Italiener angaben, nie Sport zu treiben, erwiesen sich in Deutschland 36 %, in Schweden 7 % und in Finnland nur 4 % der Befragten als radikale Sportmuffel.

Was lassen sich die Europäer die Bildung kosten?
Bildung ist der Schlüssel für die Zukunft. Dennoch geben die EU-Mitgliedsländer hierfür ganz unterschiedlich viel Geld aus. Dänemark beispielsweise investiert mit einem Anteil von 8,5 % des Bruttoinlandsprodukts am meisten in die Bildung seiner Bürger, gefolgt von Schweden mit 7,3 % und Finnland mit 6,2 %. In Deutschland machen die Bildungsausgaben nur 4,5 % und in Luxemburg nur 3,7 % vom BIP aus. (Eurostat-Angaben für das Jahr 2001)

Welche Fächer studieren die Europäer?
Durchschnittlich 75% aller jungen Menschen in der EU (ohne Bulgarien und Rumänien) erwerben inzwischen die Hochschulreife. Insbesondere die Frauen haben hier in den letzten Jahrzehnten rasant aufgeholt und die Männer inzwischen überholt. Im Jahre 2001 haben in der EU mehr Frauen als Männer einen höheren Bildungsabschluss erzielt. In den Geisteswissenschaften machen inzwischen mehr als doppelt so viele Frauen als Männer ihren Abschluss; und auch in Jura gibt es ein Drittel mehr

weibliche als männliche Hochschulabsolventen. Lediglich bei den Ingenieurwissenschaften machen noch deutlich mehr Männer als Frauen ihren Abschluss. Hier kommen auf einen weiblichen Absolventen mehr als drei männliche.

Wie modern sind die Europäer?
Im Jahre 2004 hatten 89 % der Unternehmen und 42 % der Haushalte in der EU Zugang zum Internet. Und 90 % der EU-Europäer besitzen ein Mobiltelefon. Allerdings sind die Unterschiede zwischen den einzelnen Ländern in diesem Bereich noch recht groß. Beispielsweise hatten 69 % der Haushalte in Dänemark und 43% der Haushalte in Deutschland im Jahre 2004 Zugang zum Internet, in Ungarn jedoch nur 14 %. Und während 1000 Luxemburger knapp 1400 Mobiltelefone besitzen, entfallen auf 1000 Polen lediglich 600, auf 1000 Franzosen etwa 740 und auf 1000 Deutsche gut 850 Geräte.

Wie sicher sind Europas Straßen?
Nach wie vor werden in Europa jedes Jahr Tausende von Verkehrstoten beklagt. Die Wahrscheinlichkeit, bei einem Verkehrsunfall zu sterben, ist jedoch von Land zu Land sehr unterschiedlich. Am höchsten ist sie in Lettland und Litauen: Dort kamen im Jahr 2004 auf je 1 Million Einwohner 220 im Straßenverkehr Getötete. Deutschland zählte im gleichen Zeitraum 71 Verkehrstote pro 1 Million Einwohner, Schweden 53.

Wie gleichberechtigt sind Europäer und Europäerinnen?
In allen EU-Mitgliedstaaten verdienen Frauen (durchschnittlich) weniger als Männer. Dieser geschlechtspezifische Lohnunterschied ist am größten in Zypern, wo im Jahre 2001 die Frauen 26 % weniger verdienten als die Männer, und am geringsten (6 %) in Italien. Auch in Deutschland und Großbritannien verdienten Frauen in 2001 21 % weniger als Männer.

Wie umweltbewusst sind die Europäer?
Bis 2010 sollen 21 % des Strombedarfs der EU durch erneuerbare Energiequellen gedeckt werden. Einige Länder haben dieses Ziel längst überschritten, während andere noch weit davon entfernt sind. Während der Anteil erneuerbarer Energieträger an der Stromerzeugung im Jahre 2002 in Österreich bereits 66 % und in Schweden 47 % betrug – Österreich beispielsweise nutzt überwiegend Wasserkraft, ist hierfür aber auch durch die Alpenlage besonders begünstigt –, bezogen die Deutschen gerade einmal 8,1 %, die Briten knapp 3 % und die Ungarn nicht einmal 1 % ihrer Energie aus erneuerbaren Quellen.

Wie unterhalten sich die Europäer?
Nach einer Eurobarometer-Umfrage im Jahre 2001 gaben mehr als die Hälfte der Befragten in den damals 15 EU-Ländern an, dass sie neben ihrer Muttersprache mindestens eine weitere europäische Sprache sprechen. Die am häufigsten von Nicht-Muttersprachlern verwendeten Sprachen sind Englisch, Französisch und Deutsch. In den zehn Ländern, die der EU 2004 beigetreten sind, ist Russisch weit verbreitet.
Zu den Sprachgewandtesten zählen zweifellos die Luxemburger: 46 % von ihnen beherrschen Englisch, 85 % Französisch und 81 % Deutsch als Fremdsprache. Auch in Dänemark sprechen 79 % Englisch und 49 % Deutsch als zusätzliche Sprache. Und etwa die Hälfte der Finnen, Österreicher und Deutschen können sich auf Englisch verständigen.

Adressen im Netz

Im Internet lassen sich zahlreiche Informationen, Nachrichten, Wissenstests, Wettbewerbe, Förder- und Austauschprogramme zum Thema Europa finden. Das umfassendste Angebot an Wissenswertem bietet die Bundeszentrale für politische Bildung unter www.bpb.de. Aber manchmal möchte man einfach nur wissen, wo das berühmte Bild der Mona Lisa hängt, wo Malta liegt oder welches Land die beste Schokolade herstellt. Deshalb gibt diese Aufstellung auch einige Adressen an, die unterhaltsame Informationen über Europa enthalten.

Die EU entdecken und erforschen

www.kidsweb.de/schule/europa/europa.htm
Bei der Beschreibung der EU-Mitgliedsstaaten geht es hier weniger um Zahlen und Fakten als um interessante Details: Wo sind die Comicfiguren Tim und Struppi zu Hause? Wo liegt der längste Sandstrand Europas?

www.kindernetz.de/infonetz/thema/europa
Hier kann man sich durch die Länder der Europäischen Union klicken und spielerisch Wissenswertes über die EU-Länder entdecken.

www.tivi.de/fernsehen/logo/index/00100/index.html
Viele Informationen zur Europäischen Union, zusammengestellt von der Redaktion der ZDF-Sendung »logo!«.

www.wissen.swr.de/sf/begleit/bg0051/eu_child.htm
Begleitend zur Fernsehreihe »Kinder Europas« ist diese Seite entstanden, die Informationen zu den einzelnen EU-Ländern liefert.

www.entdeckeeuropa.de
Diese Seite rund um Europa und die EU richtet sich an Jüngere zwischen 8 und 14 Jahren, die von Land zu Land reisen und ihr Europa-Wissen testen können.

www.europa.eu.int/europago/index.htm
Hier kann man Europa und die Europäische Union interaktiv entdecken. Es gibt zum Beispiel ein Europa-Puzzle, ein Flaggen-Memory oder auch die Möglichkeit, die Europa-Hymne nachzukomponieren.

www.kidsweb.de/quis/europa/europa_quiz_nov_2003.html
In welchem Land lebte Hans Christian Andersen? Welcher europäische Staat wird auch die grüne Insel genannt? Wer weiß es?

www.learn-line.nrw.de/angebote/kie
Zum Thema Europa finden sich hier ein Europa-Lexikon, ein Europa-Kochbuch und mehr als 2500 Stichwörter: Nachrichten, Infos und – auf einer interaktiven Europakarte – Mitmach-Projekte für Schulklassen im In- und Ausland.

www.europa4young.de/kids.htm
Hier spielt die Gemeinschaftswährung Euro die Hauptrolle: ihre Geschichte, ihre Funktion und der Umgang mit der neuen Währung.

www.the-voyage.com/kids_new
»Voyage kids« ist eine Rubrik des deutsch-britischen Jugendportals »the voyage«, das in Zusammenarbeit mit der britischen und der deutschen Regierung und den dazugehörigen kulturellen Organisationen entwickelt wurde. Mit dieser Seite soll der kulturelle Austausch zwischen Deutschland und Großbritannien gefördert werden.

www.fgje.de
Jugendliche nehmen an der Gestaltung Europas teil: In Jugendparlamenten sollen sie sich eine Meinung bilden. Die Forschungsgruppe Jugend und Europa am CAP (Centrum für angewandte Politikforschung) führt in Schulen, Universitäten und Bildungseinrichtungen Planspiele zum Thema Europa durch. Von den Referenten des Juniorteams Europa werden Seminare angeboten, Jugendparlamente betreut, Aktionstage gestaltet oder Vorträge gehalten.

Wettbewerbe

www.z-e-b.de
Das Zentrum für Europäische Bildung (ZEB) ist für die Organisation von Europa-Aktivitäten in deutschen Schulen zuständig. Zu den Angeboten gehören der jährlich stattfindende Europäische Wettbewerb für Schüler aller Jahrgangsstufen und Schularten; das Internet Award Scheme, ein transnationaler Wettbewerb für Gruppen oder Klassen, die sich über eine Datenbank zu Gruppen zusammenfinden und gemeinsame Projekte zu europäischen Themen im Netz vorstellen. Ergänzt wird das Angebot des ZEB durch internationale Jugendbegegnungen sowie Lehrerseminare.

www.eyp.de
Das Europäische Jugendparlament in Deutschland ist eins von über 30 nationalen Komitees des European Youth Parliament (EYP). Es bietet Jugendlichen einen Raum für den Austausch ihrer Visionen. Aus 70 Schulen werden über einen Wettbewerb zwei Delegationen ausgewählt, die Deutschland bei den Internationalen Sitzungen des EYP vertreten. Außerdem gibt es die Möglichkeit, an Europäischen Foren teilzunehmen und über europäische Themen zu debattieren.

www.frieden-fuer-europa.de
»Frieden für Europa – Europa für den Frieden« ist ein Wettbewerb für historische Projektarbeit, der anlässlich des 60. Jahrestages des Kriegsendes vom Fonds »Erinnerung und Zukunft« initiiert wurde. Partnerschaften von Schulen und Jugendgruppen aus Deutschland und Mittel-, Ost- und Südeuropa oder Israel sind eingeladen, sich mit einem gemeinsamen Projekt zu bewerben.

EU-Programme

www.jugendfuereuropa.de
Das Aktionsprogramm JUGEND, verantwortet von der Europäischen Kommission, richtet sich an Jugendliche im Alter zwischen 15 und 25 Jahren: Jugendbegegnungen, Freiwilligendienste, Jugendinitiativen, Projekte in Verbindung mit anderen EU-Programmen, Entsendung von Fachkräften.

www.salto-youth.net
»Salto« ist Bestandteil des Jugendprogramms der Europäischen Kommission mit dem Schwerpunkt auf Fortbildungen zu Themen der Europapolitik. Daneben bietet die Seite eine Referentendatenbank für Seminare und Fortbildungen an (englische Seite).

ec.europa.eu/education/programmes/socrates/comenius/index_de.html
Das EU-Programm »COMENIUS« ist Bestandteil des SOKRATES-Programms der EU. Zielgruppe sind Schüler und Lehrer. Neben Schulaustauschprogrammen wird auch der Fremdsprachenerwerb gefördert.

www.europarl.de/jugend/schule
»Euroscola«, ein Programm des Europäischen Parlaments, möchte Schülern den Besuch des Europäischen Parlaments in Straßburg ermöglichen. Es richtet sich vorrangig an Schulklassen der gymnasialen Oberstufe, aber es werden auch andere Schulformen und Altersstufen berücksichtigt. Voraussetzung für die Teilnahme sind gute Englisch- oder Französischkenntnisse.

www.etwinning.de/etwinning/index.php
»eTwinning« ist eine von der Europäischen Kommission im Rahmen ihres eLearning-Programms geförderte Aktion, die über das Internet geknüpfte europäische Schulpartnerschaften unterstützt. Mittels E-Mail, Chat und Dateiaustausch sollen sich die Partnerklassen über ein gemeinsames Unterrichtsthema verständigen. Lehrer aller Schulformen, -fächer und Jahrgangsstufen können sich mit ihrer Klasse beteiligen.

Austauschprogramme

www.go4europe.de
Ein Angebot der Agentur JUGEND für Europa, die Freiwilligendienste im Auftrag der EU in Deutschland koordiniert. Interessierte Jugendliche erfahren hier alles, was sie wissen müssen, um einen solchen Dienst in einem europäischen Land zu leisten.

www.ijab.de
Der Internationale Jugendaustausch- und Besucherdienst (IJAB) informiert über Austauschprojekte für Schüler wie Lehrkräfte. Darüber hinaus gibt es Hinweise auf Sprachkurse, weitere Projekte und ihre Förderung sowie auf Praktika.

www.tandem-org.de
Hier findet man Informationen für den deutsch-tschechischen Jugendaustausch.

www.dpjw.org
Das Deutsch-Polnische Jugendwerk (DPJW) fördert verschiedene Projekte von Schülern und Jugendlichen – Austauschprogramme, Fortbildungen und Praktika.

www.dfjw.org
Das Deutsch-Französische Jugendwerk fördert auch kurzzeitige Austauschprogramme zwischen französischen und deutschen Schulen, beispielsweise Klassenreisen. Vor allem aber bietet es einen sechs Monate langen Austausch für Schüler der 10. Klasse an, die mindestens drei Jahre in Französisch unterrichtet worden sind (Voltaire-Programm). Darüber hinaus organisiert es Treffen zwischen deutschen und französischen Schülern und bietet die Möglichkeit zu »Ferienjobs in der Partnerstadt« in Frankreich an.

www.eu.daad.de
»Erasmus« sollte man schon am Ende der Schulzeit kennen, um sich rechtzeitig für ein Bildungsprogramm der EU zu bewerben, das die europäische Hochschulbildung stärken, die grenzüberschreitende Zusammenarbeit zwischen Hochschulen fördern und die europäische Mobilität im Hochschulwesen verbessern möchte. Zu den Aktivitäten des Programms gehören ein mit Stipendien geförderter Studentenaustausch und die Finanzierung von Sprachkursen für Studenten. Ansprechpartner und Antragstelle ist der Deutsche Akademische Austauschdienst (DAAD).

www.fplusd.org
Hier findet man viele Informationen über die Partnersprache Französisch – Redewendungen und Sprichwörter zum Beispiel – sowie deren Anwendung in Ausbildung, Beruf und Jugendaustausch. Es gibt aktuelle Veranstaltungshinweise, Erfahrungsberichte und ein Forum, um sich mit anderen Jugendlichen auszutauschen.

www.youthreporter.de
Diese Seite ist ein Angebot von JUGEND in Europa, in dem junge Leute über ihre Erfahrungen mit Europa berichten, Städtetipps geben, Projekte vorstellen oder Tagebuch über ihren Aufenthalt in einem anderen Land führen. Youth-Reporter kann jeder werden, der schon einmal an einem europäischen Austauschprogramm teilgenommen hat.

Online-Informationen

www.europa-digital.de
Aktuelles und viel Hintergrund zu Europa – nicht speziell für Jugendliche, aber sehr informativ.

www.eurodesk.de
Eurodesk ist ein europäisches Informationsnetzwerk und bietet Hintergrundinformationen zum Thema Europa, zur Europäischen Union, zu europäischen Stipendienprogrammen für Jugendliche und für jene, die mit Jugendlichen im europäischen Rahmen zusammenarbeiten (in englischer Sprache).

www.europa.eu
Das Portal ist noch im Aufbau und soll jungen Leuten im Alter von 15 bis 25 in Zukunft den schnellen und einfachen Zugang zu Informationen rund um Europa ermöglichen. Zusätzlich wird das Portal auch Infos für alle bereithalten, die mit Jugendlichen arbeiten (noch nicht alle Informationen in deutscher Sprache).

www.eds-destatis.de
Der Europäische Datenservice (EDS) ist eine Servicestelle des Statistischen Bundesamtes, die statistische Daten über die EU, die Eurozone und über die Mitgliedsstaaten der EU bereitstellt.

Personenregister

Sachregister

akg-images, Berlin: S. 28 o.
Bildarchiv Preußischer Kulturbesitz, Berlin: S. 45, 52
© Bettmann/CORBIS: S. 32 beide, 33 r.
© CORBIS: S. 27 o.
Deutscher Bundestag: S. 104
Deutsches Historisches Museum, Berlin: S. 39 u., 47 o., 73 u.r., 56 o., 51 u.
dpa Picture-Alliance GmbH, Frankfurt: Umschlagvorderseite (dpa Bildarchiv), S. 16 (akg images), 107 (Fotoreport), 141 o.l. (Report), 141 M.r. (Report)
Europäisches Parlament: S. 74, 77 u., 81, 93, 102, 103, 142, 143
Globus Infografik GmbH, Hamburg: S. 144 (nach Globus 9922)
Haus der Geschichte, Bonn: S. 28 l., 35 r., 49 u.r., 53 o.
Keystone: S. 27 u., 79
Süddeutscher Verlag Bilderdienst, München: S. 56 u., 90
Ullstein Bild, Berlin: S. 5, 8, 14, 15, 17, 18, 19, 20 r., 21, 23, 24, 25, 37, 40, 42 beide, 43 l.u., 46, 58, 59, 61 o.l., 61 o.r., 62, 63 o., 63 u.r., 64, 65 o., 65 u.r., 68 M.l., 68 M.r., 69, 70 l., 71 r., 73 o., 75, 76, 78, 80, 82, 83, 84, 85, 86, 88, 89, 94, 97, 98 u., 99, 101, 106, 108, 109, 111 o.r., 111 u.l., 112, 113, 114, 115, 116 l., 116 r., 117 o.r., 117 u.l., 118, 119, 120, 121, 122 o.r., 122 l., 123, 124, 125, 126, 127 o.l., 127 r., 128, 129, 130, 131, 132, 133 o.l., 133 r., 134, 135, 136, 137 o.l., 137 o.r., 139, 140

Der Verlag dankt allen Personen und Institutionen für die Genehmigung zum Abdruck von Bildmaterial, auf dem ein Urheberrecht ruht. Es wurde größtmögliche Sorgfalt darauf verwendet, für alles benutzte Material die Rechteinhaber zu ermitteln und zu nennen. Sollten dabei Fehler unterlaufen sein, bitten wir um Benachrichtigung.

Bibliografische Information
Der Deutschen Bibliothek

Die Deutsche Bibliothek verzeichnet diese Publikation
in der Deutschen Nationalbibliografie;
detaillierte bibliografische Daten sind im Internet über
http://dnb.ddb.de abrufbar.

3 2 1 09 08 07

Redaktion: Sabine Zürn
Printed in Germany
ISBN 978-3-473-55138-5

www.ravensburger.de